# Menorca

## Camí de Cavalls (G

### Islas Baleares

**Mapa y guía excursionista y turística**
Editorial Alpina, SL

**Revisión del mapa y de los textos**
Coordinador: Jaume Tort
Colaboradores: Miquel Camps, Francesc Carreras,
Aina Escrivà, Ralf Freiheit, Pep V. Homar, Manuel Lora,
Miquel Taltavull, Jutta Vaupel

**Textos, fotos y trabajo de campo:** Jaume Tort

**Fotografía de portada:** Camí de Trepucó a Trebalúger,
cerca de Maó

Primera edición: marzo de 2011
Actualización: enero de 2012

© Editorial Alpina, SL
ISBN: 978-84-8090-422-3

Depósito legal: B-10762-2011

EDITORIAL
ALPINA

## CONSEJOS PRÁCTICOS

- Respetad las propiedades privadas y no entréis en ellas si hay una señal de prohibición. Las señales de "Prohibido el paso" afectan, en algunas ocasiones, sólo a los vehículos, y las de "Coto privado de caza" no tienen nada que ver con los senderistas. La mayoría de los caminos indicados en el mapa (incluso los públicos) atraviesan propiedades privadas. Las excursiones explicadas en las páginas siguientes no presentan ningún problema de paso.

- Dejad las barreras entre las diferentes propiedades tal como las habéis encontrado. Normalmente están cerradas.

- La acampada libre está prohibida. Respetad al máximo el entorno natural: no encendáis fuego, no tiréis basura y no hagáis ruido. Los perros pueden perseguir a las ovejas, así que dejadlos en casa o llevadlos sujetos.

- La mejor época del año para practicar el senderismo o el cicloturismo en Menorca es en primavera y en otoño. Aunque el "embat" (viento marino) puede suavizar las temperaturas en verano, se deberían evitar los meses de julio y agosto. Utilizad gorra y protección solar, y llevad suficiente agua. Los días de fuerte viento de tramontana, puede resultar más agradable planificar salidas en la costa sur.

- No dejéis objetos de valor dentro del vehículo en los aparcamientos aislados, ni tampoco en los de las calas o las ruinas arqueológicas.

- Os agradeceríamos que, si detectáis posibles correcciones en los mapas o en la guía, enviéis un correo a *jaume.tort@gmail.com*. En la página web *www.gr223.info*, os informaremos de estas correcciones y de todas las novedades relacionadas con el contenido de esta guía.

**Si utilizáis un receptor GPS, tened en cuenta que el Datum del mapa es el Europeo 1950.**

El GOB (Grup Ornitològic Balear) es una asociación ecologista que trabaja, desde hace más de 30 años, para la conservación de los valores ambientales de la isla. En el transcurso de estas décadas, se han organizado grandes movilizaciones para evitar la urbanización de parajes que hoy constituyen las joyas naturales de Menorca: Macarella, S'Albufera des Grau, Trebalúger, cala En Turqueta, el barranco de Algendar y muchos otros lugares que han estado en grave peligro, por las transformaciones urbanísticas que han asolado el litoral mediterráneo.

Actualmente, el GOB tiene varias líneas de actuación: educación ambiental, asistencia a la fauna silvestre, jardinería sostenible, seguimiento de la ordenación territorial, promoción de la actividad agraria sostenible, etc. El objetivo final es buscar siempre el equilibrio entre las actividades humanas y la conservación de la naturaleza. A este deseo pueden contribuir los visitantes responsables, intentando que su estancia en la isla sirva para aumentar las garantías de futuro de esta reserva de la biosfera.

**Para más información:**
GOB – C/ Camí des Castell, 53 – 07702 Maó – *www.gobmenorca.com* – Tel. 971 350 762

# Menorca

## Islas Baleares

Macar de Alforinet (etapa 7)

**Índice**

## INTRODUCCIÓN

Los atractivos de Menorca van mucho más allá del tópico de las calas vírgenes de aguas transparentes. A pesar de su reducido tamaño, la isla nos ofrece una gran variedad de paisajes: acantilados y calas, barrancos y llanuras, pastizales y cultivos, bosques y matorrales. La sensación de paisaje monótono que podríamos intuir al circular por las carreteras principales, desaparece completamente cuando nos calzamos las botas o montamos en la bicicleta para recorrer los senderos, atravesar los barrancos o bordear la costa. Desde el punto de vista arqueológico, Menorca cuenta con un importante legado monumental en el que destacan los talayots, las navetas, las taulas y las torres de vigilancia costera. También es muy interesante su patrimonio etnológico: barracas, canteras de piedra de "marès", paredes de piedra en seco y caminos que nos permitirán disfrutar a pie o en bicicleta de todos sus encantos. Además del Camí de Cavalls, itinerario circular que da la vuelta completa a la isla, también encontramos senderos litorales y otros que conducen a ermitas y castillos, o que comunican pueblos y "llocs" (las casas de payés menorquinas).

A los que ya estáis acostumbrados a caminar por las sierras peninsulares, os puede sorprender que una gran parte de la isla sea de propiedad privada. Por esta razón, algunos itinerarios senderistas han sufrido (o sufren) problemas de acceso. El coraje del pueblo menorquín, canalizado a través de la "Coordinadora per a la defensa del Camí de Cavalls", ha conseguido la reapertura de este importante patrimonio etnológico, histórico y paisajístico. No ha sido una tarea fácil: desde 1996, las excursiones reivindicativas y la presión popular obligaron a los poderes políticos a promulgar, en el año 2000, la Ley del Camí de Cavalls. Posteriormente, el Plan Especial estableció su recorrido y ha posibilitado los convenios y las expropiaciones con los propietarios. Desde 2010, después de su acondicionamiento y señalización, ya es posible disfrutarlo a pie, en bicicleta o a caballo.

Fornells

Menorca tiene una longitud de unos 50 km desde Ciutadella hasta Maó, y una anchura máxima de unos 20 km. Aunque en sus 700 km², sólo viven unos 100.000 habitantes, la isla recibe anualmente un millón de turistas, principalmente en los meses de verano. Encontramos dos regiones geológicamente bien diferenciadas: la norte –**Tramuntana**–, que ocupa un 40% de la isla y en la que predominan las rocas silíceas de las eras primaria y secundaria, y la sur –**Migjorn**– de roca caliza de la era terciaria. Estos distintos materiales condicionan el relieve y el paisaje: en el norte de la isla, la costa es muy recortada con cabos prominentes y bahías, las rocas son de colores oscuros y hay numerosas colinas. En el sur, la costa es más rectilínea, con acantilados de rocas de colores claros, playas largas y abiertas, y un relieve interior muy llano, interrumpido bruscamente por profundos barrancos. La cumbre más alta es el Toro (358 m).

El clima de Menorca es típicamente mediterráneo, con temperaturas medias anuales de 17 grados y una precipitación de 600 litros/m². Un aspecto importante de la climatología de la isla es el viento, en particular el de tramontana (N), que sopla la mitad de los días del año. A causa del grado de conservación del paisaje natural y del medio rural, y para promover un desarrollo sostenible, la UNESCO declaró Menorca en 1993 como reserva de la biosfera. En el 43,5% de su extensión protegida destacan el Parque Natural de S'Albufera des Grau y la Reserva Marina del Norte de Menorca. Se conocen, actualmente, un total de 582 especies de vertebrados, que se reparten del siguiente modo: 324 de peces, 3 de anfibios, 12 de reptiles, 26 de mamíferos y 218 de aves. En este grupo encontramos alimoches, milanos y águilas pescadoras. Por el camino, podemos ver cabras, lagartijas, tortugas, perdices, cernícalos o palomas torcaces. Los bosques principales son de pino, encina y de matorral de acebuche (una variedad de olivo). De las 1.200 especies de plantas, un 7% son endemismos que sólo se pueden encontrar en la isla.

Menorca ha aprovechado, por un lado, su situación en el centro del Mediterráneo, para establecer contactos comerciales y culturales que le han proporcionado un esplendor económico y, por el otro lado, ha sufrido por ello colonizaciones, invasiones y ataques, que la han amenazado con la despoblación. La prehistoria ha dejado un importante legado que llegó a su máxima expresión en la época talayótica (a partir del 1.500 a.C.). Más tarde, la isla formó parte sucesivamente del imperio Romano, Bizantino y de Al Andalus hasta que fue conquistada por el reino de Aragón y repoblada con catalanes (1287). En los siglos XVI y XVII sufrió, con gran virulencia, las incursiones de los piratas turcos que destruyeron y saquearon Maó (1535) y Ciutadella (1558), de donde se llevaron más de 3.000 cautivos. Entre el 1708 y el 1802, Menorca pasó tres veces a manos de la corona británica con un breve interludio de dominación francesa y española. La profunda huella de los ingleses todavía puede apreciarse en la arquitectura, en los caminos, en el paisaje rural e, incluso, en la lengua.

## COMUNICACIONES

- **Transporte aéreo**
  La isla está conectada con los principales aeropuertos de la Península y cuenta con más frecuencias durante la temporada alta.
  *Para más información:*
  *www.spanair.com, www.vueling.es, www.iberia.com, www.aireuropa.com.*
  Desde el aeropuerto de Menorca hay transporte público hacia Maó, que está situado a 5 km.

- **Transporte marítimo**
  **Desde Barcelona** a Maó, las compañías navieras Acciona (*www.trasmediterranea.es*) y Baleària (*www.balearia.com*) garantizan la comunicación. En temporada alta se incrementan los servicios y Baleària también conecta Barcelona con Ciutadella mediante un *ferry* rápido.
  **Desde Mallorca**, Iscomar (*www.iscomar.com*) realiza dos trayectos diarios de Alcúdia a Ciutadella (3,5 h de duración). Baleària también hace la misma ruta, pero el viaje sólo dura una hora y media. Para llegar en barco a Maó, disponemos de Acciona, que lo hace desde Palma, y Baleària, desde Alcúdia.

- **Transportes públicos en Menorca**
  La compañía de autobuses **Torres Allés** (*www.e-torres.net*) se encarga del servicio desde el aeropuerto a Maó y desde Ciutadella a sus zonas turísticas (Tel. 902 075 066).

  **Transportes Menorca** (*www.tmsa.es*) garantiza el transporte público principalmente en el eje Maó-Ciutadella (Tel. 971 360 475).

  La empresa **V. Roca Triay** conecta Fornells, Es Mercadal, Maó y su zona costera: *www.autosfornells.com* (Tel. 686 939 246 y 696 925 808).

- **Coches de alquiler**
  En el aeropuerto y en los principales centros turísticos de la isla, encontramos agencias de alquiler de vehículos. Si pasamos más de una semana en la isla, puede ser más económico transportar el vehículo propio en *ferry*.

- **Bicicletas de alquiler**
  Podemos encontrarlas en las principales poblaciones, núcleos turísticos y hoteles. Os recomendamos: *www.totvelo.com, www.bikemenorca.com, www.ciclostramontana.com, www.diacomplert.com* y *www.velosjoan.com*.

  **Taxis**
- La Asociación Radio-Taxi Menorca (Tel. 971 367 111 - *taxi@taximenorca.es*) tiene paradas en las poblaciones y núcleos turísticos más importantes.

# PUNTOS DE INTERÉS

- **Carreteras de interés turístico (en coche o en bicicleta)**
  Son dignas de mención la carretera del faro de Cavalleria (Cf-1), la que sube al Toro desde Es Mercadal (Me-13), la del Cap de Favàritx (Cf-3), la de Ciutadella a Punta Nati (Cf-5) y el **Camí d'en Kane**. Esta carretera estrecha con poco tráfico es una alternativa a la Me-1 para ir de Maó a Es Mercadal, y nos ofrece unas vistas inéditas de Alaior y del Toro. Se coge poco después de salir de Maó por la carretera de Fornells (Me-7) y su nombre proviene del primer gobernador inglés de la isla.

- **Caminos de interés cicloturístico (con bicicleta de montaña)**
  Las rutas cicloturísticas señalizadas están enlazadas entre si y nos permiten atravesar la isla desde Punta Nati (Ciutadella) a Punta Prima (Sant Lluís), pasando por paisajes rurales y naturales, por monumentos talayóticos y por los pueblos de Ferreries, Es Mercadal y Alaior. También se han señalizado rutas desde Maó y Ciutadella por caminos públicos. Encontraréis más información en el apartado de *"Bicicleta de montaña"*.

- **Parque Natural de S'Albufera des Grau – Cap de Favàritx**
  Encontraréis más información en el apartado de *"Senderismo"* (itinerario C).

- **Maó**
  Los ingleses trasladaron la capital de la isla desde Ciutadella a Maó, a causa del excepcional puerto natural, que continúa siendo su atracción principal. En los apartados de *"Senderismo"* y *"Bicicleta de montaña"*, ofrecemos diversas propuestas para conocer la ciudad (itinerario B1) y los poblados talayóticos próximos (B4).
  A causa de la concentración de infraestructuras (aeropuerto, polígonos industriales, etc.) que acumula Maó, resulta extraño encontrar, en sus alrededores, rincones tan bucólicos como la ermita de Sant Joan des Vergers (A2, B2) o la aldea de Llucmaçanes (A3, B3).

Museo de Maó

- **Alaior**

  Es un pueblo agradable, con un interesante centro histórico. En sus alrededores, encontramos algunos de los poblados talayóticos más importantes de la isla: Torre d'en Galmés y Torralba d'en Salord, y las playas turísticas de Son Bou y de Cala en Porter, donde podemos visitar la Cova d'en Xoroi, un bar colgado en el acantilado. Por rutas cicloturísticas, podemos ir al Cap de Favàritx, pasando por la ermita de Binixems, y en dirección a Fornells por el Camí de sa Cucanya.

- **Fornells**

  Está situado en una amplia bahía de la costa norte. Cerca del pueblo, podemos visitar su torre de defensa, construida en 1802. Desde la playa vecina de Cala Tirant, podemos seguir la etapa 5 del Camí de Cavalls, en dirección al Cap de Cavalleria.

- **Cap de Cavalleria**

  A parte de su interés paisajístico, de camino al faro, podemos visitar el Ecomuseo (abierto de mayo a octubre, a partir de las 10, entrada: 3 €, *www.ecomuseodecavalleria.com*), que funciona como centro de interpretación de los valores naturales y culturales de esta zona. Organiza cursos de arqueología en las ruinas de la ciudad romana de Sanisera, junto al puerto de Sanitja, de gran relevancia en la antigüedad. Cerca de aquí, podemos ir hacia el este, siguiendo el Camí de Cavalls hasta Cala Tirant o en dirección al oeste hacia las bonitas Platja de Cavalleria y Binimel·là. Desde el aparcamiento del Ecomuseo, podemos visitar la torre de Sanitja: cogemos un sendero que atraviesa la carretera en línea recta y bajamos unos escalones. Después de una barrera, comenzamos a subir y, a los 5 min, cruzamos una pared, donde encontramos las ruinas. Llegamos 10 min más tarde a la torre de defensa.

- **Es Mercadal**

  Sobre los tejados de Es Mercadal se levanta el Toro, la montaña más alta de la isla, con 358 metros. Su nombre proviene del árabe *"al tor"*, que significa "altura" o "lo elevado". Para subir al santuario de la Virgen del Toro, patrona de Menorca, y disfrutar de la panorámica que abarca toda la isla, debemos utilizar la carretera, ya que no existe ningún sendero que nos permita ascender a pie. Es Mercadal está muy bien situado para acceder a algunas calas: Binigaus y Trebalúger en la costa sur (itinerario K) y Binimel·là y Pregonda en la norte (itinerario E). Desde el cementerio, podemos seguir el Camí d'en Kane hasta su final, en Calòritx, pasando por casas de campo aisladas y frondosos encinares.

- **Ferreries**

  Es una animada población, rodeada de colinas y el punto de partida para ir a las calas Mitjana y de Trebalúger, en dirección al sur (itinerario K), y a la cala del Pilar, al norte (itinerario F). Desde Ferreries, también se puede acceder al Castell de Santa Àgueda (itinerario H) y al Barranc d'Algendar (itinerario L).

Las ruinas de Son Mercer de Baix son interesantes y tienen muy buena vista sobre los barrancos cercanos. Para ir a pie, se tarda una hora, siguiendo las explicaciones de la ruta B9.

La ermita es un buen mirador, situado a 193 metros de altura. Se accede a ella desde la rotonda del polígono industrial, situada a la entrada de Ferreries viniendo de Maó, donde giramos a la izquierda. En el primer puente, vamos hacia la izquierda y, en línea recta, encontramos los escalones donde comienza el camino que nos lleva a la cumbre en unos 20 min.

## • Es Migjorn Gran

Este nudo de comunicaciones es el punto de partida para visitar la cueva de Es Coloms (itinerario M) y se encuentra muy cerca de uno de los núcleos turísticos más agradables de la isla: Sant Tomàs. Desde su playa, se puede seguir el Camí de Cavalls hacia Cala Galdana (itinerario K) o ir en dirección a Son Bou (itinerario N).

## • Ciutadella de Menorca

Aunque no es, actualmente, la capital de la isla, Ciutadella es su población más emblemática. A este hecho contribuyen las famosas fiestas de San Juan, donde los caballos protagonizan todo tipo de espectáculos en la calle. Es muy agradable pasear por el centro histórico, por el puerto, y visitar las calas vírgenes de Macarella, En Turqueta y Son Saura en la costa sur, y la de La Vall-Algaiarens, en la costa norte. Por la abundancia de barracas de ganado (curiosos edificios de piedra en seco, formados por cilindros superpuestos), merece la pena ir a la Farola de Punta Nati. Encontraréis más información en las rutas B6 y B7. Como itinerario senderista, se aconseja el camino costero desde Cala en Bosc a Cala Galdana (itinerario J) y el de Algaiarens en Cala Morell (itinerario G). Por sus alrededores, encontramos los poblados talayóticos de Son Catlar, Torrellafuda, Torretrencada, la Naveta des Tudons y las cuevas de Cala Morell. Es muy interesante la visita a las pedreras de S'Hostal: se trata de unas canteras que se visitan, con un largo recorrido a pie por senderos laberínticos. Para ampliar la información, podéis consultar el apartado de *"Ruinas arqueológicas"*.

## • Sant Lluís

Varios caminos antiguos comunican esta población, fundada por los franceses, con Maó y Es Castell (itinerarios A4, A5, B2, B3). En sus alrededores encontramos la bonita Cala de Rafalet y el poblado de pescadores de Binibèquer Vell, una urbanización interesante.

## • Es Castell

Desde este municipio, ubicado en la entrada del puerto de Maó, podemos disfrutar de las mejores panorámicas de la fortaleza de la Mola y de Latzareto. Cuenta con un verdadero paseo marítimo en Calesfonts, donde se puede pasear y cenar junto al mar sin temer por el tráfico de vehículos que hay en Maó. Desde la próxima Cala de Sant Esteve, podemos hacer varios itinerarios a pie o en bicicleta (itinerarios A4, A5).

# RUINAS ARQUEOLÓGICAS

Los 2.000 yacimientos catalogados convierten Menorca en un auténtico parque temático de la prehistoria. Los restos más antiguos son las **cuevas**, que, primero, se utilizaron para habitar y, más tarde, como lugares de enterramiento. Las más interesantes se encuentran en Cala Morell y en Calescoves.

Del 1500 a.C. hasta la invasión romana (123 a.C.) se construyen la mayor parte de los monumentos megalíticos. Los **talayots** (de *"talaies"*-atalayas), que dan nombre a esta cultura, son construcciones con función defensiva. Los más importantes son los de Torellonet Vell y Sant Agustí Vell. Entre los **poblados talayóticos**, destacan: Torre d'en Galmés (por su extensión, de 60.000 m²), Son Catlar (por su muralla), Talatí de Dalt (por la gran variedad de monumentos), Torralba d'en Salord y Trepucó. Estos tres últimos también son conocidos por sus **taulas** (monumento en forma de mesa), que formaban parte de santuarios o lugares de culto. Además de las cuevas de enterramiento, también encontramos otros monumentos que se utilizaban como funerarios: los **dólmenes** y las **navetas**. Una de ellas –la "des Tudons"– se ha convertido, gracias a su excelente estado de conservación, en el monumento prehistórico más emblemático de las Baleares.

## *Acceso en bicicleta o a pie:*

- **Trepucó,** poblado talayótico que había tenido una gran extensión (5.000 m²). Aquí encontramos un gran talayot, un recinto de taula y algunas habitaciones adosadas. Se halla cerca de Maó y se puede llegar en bicicleta por las rutas B2, B3 y B4.

- **Trebalúger,** destaca por su enorme talayot. Se puede ir a pie, siguiendo los itinerarios A4 y A5, y en bicicleta, por la ruta B3.

- **Torellonet Vell,** un gran talayot situado junto a las rutas B2 y B4.

- **Basílica paleocristiana de Es Fornàs de Torelló,** de los siglos V y VI, en la que podemos admirar su pavimento de mosaico con diferentes motivos animales y geométricos. Está cerca de las rutas ciclistas B2 y B4.

- **Talatí de Dalt,** muy interesante por la variedad de monumentos que contiene: un talayot de planta elíptica, algunas cuevas y una curiosa taula en la que se apoya una columna. Se encuentra junto a la ruta ciclista B4, que también pasa por **Torralba d'en Salord**, donde destacan una taula y su recinto.

- **Torre d'en Galmés** es un poblado de 60.000 m² con talayots y casas en las que se puede observar el sistema de recogida de agua de la lluvia. Se puede ir a pie o en bicicleta desde Cala en Porter, siguiendo el itinerario Q.

- **Basílica paleocristiana de Son Bou,** del siglo V, de planta rectangular y dividida en tres naves. Se pasa junto a ella por el itinerario N2 y está cerca del inicio de la etapa 16 del Camí de Cavalls.

- **Son Mercer de Baix** es un poblado en el que encontramos la cueva de Es Moro, un edificio con tres columnas que soportan la cubierta. (Explicado en la ruta B9.)

- **Son Catlar** es muy interesante por su muralla de 870 metros de longitud. Se encuentra de camino al itinerario J2.

- **Cuevas de Son Morell,** de enterramiento, situadas al final de la etapa 8 del Camí de Cavalls.

La ruta ciclista B7, de retorno a Ciutadella, pasa por: **Torretrencada**, un poblado que fue habitado hasta bien entrada la época medieval, con un recinto de taula, talayot, sala hipóstila y cuevas de enterramiento. Unos quilómetros más allá, pasamos por las **pedreras de S'Hostal**. Una asociación de protección del patrimonio consiguió frenar la degradación de estas canteras de arenisca (material de construcción) abandonadas, que se utilizaban como vertederos. Es difícil imaginar lo que puede esconder este recomendable recorrido laberíntico, que es, también, un paseo etnológico y botánico. Llegando a Ciutadella, encontramos **Montefí**, que consta de tres talayots en buen estado.

Hay otros itinerarios que discurren cerca de monumentos de épocas más recientes como: el **fuerte de Marlborough**, construido por los ingleses entre 1710 y 1726, y que está cerca de los itinerarios A4 y A5, y al final de la etapa 19 del Camí de Cavalls. El **Castell de Santa Àgueda**, de la época árabe, es el objetivo del itinerario H.

Hay algunos monumentos talayóticos de interés a los cuales es difícil llegar en bicicleta o a pie, ya que su acceso se realiza desde la carretera Me-1, la de más tráfico de la isla.

**Naveta des Tudons** es un monumento funerario en buen estado de conservación, situado a unos 5 min del km 40 de la Me-1. Una desviación en el km 37 nos lleva al poblado talayótico de **Torrellafuda**, situado en un lugar de gran belleza paisajística. Entre los km 6 y 7, yendo de Maó a Ciutadella, podemos acceder a la naveta de **Rafal Rubí**.

*Para más información, podéis consultar:*

*www.menorcaweb.net/arqueologia*
*www.menorcamonumental.org*
*www.talayots.es*

# LAS CALAS

Las calas de aguas transparentes se han convertido, para muchos turistas, en la principal atracción de la isla. En los últimos años, era noticia en los medios de información que se debía pagar para ir a algunas calas vírgenes, ya que los accesos y los aparcamientos se encontraban en terrenos privados. El Consell Insular los expropió y actualmente se encarga de su mantenimiento. Fuera de la temporada turística, las calas están vacías de gente, pero llenas de basura que llega desde el mar. No debemos confundir la suciedad de los restos de plásticos con la originada por la posidonia, hojas muertas de una planta submarina que protegen el litoral de la erosión provocada por los temporales.

Por motivos medioambientales, en los últimos años, se han alejado los aparcamientos de las playas (Macarella y En Turqueta) y se han protegido los sistemas de dunas con plataformas de madera (Tirant y Cavalleria) o con barreras (Binimel·là, Son Saura y Escorxada). En las playas de Ciutadella (Macarella, En Turqueta, Son Saura y La Vall), se ha establecido un número máximo de vehículos que pueden acceder a ellas.

Cuando queramos escoger entre las calas del norte y las del sur, debemos tener en cuenta la dirección del viento: así, en días de fuerte tramontana, es imposible nadar en el norte, pero en el sur las aguas están tranquilas.

### *Acceso a pie o en bicicleta:*

Merece la pena caminar un rato para acceder a las calas más solitarias. Los tiempos reseñados son sólo para el camino de ida.

- **Cala de Sa Torreta (1 h):** está situada en el Parque Natural de s'Albufera des Grau. Desde Maó, se coge la Me-5 hasta la entrada de Es Grau. A partir de aquí, seguimos la etapa 2 del Camí de Cavalls, explicada más adelante.

- **Cala Presili (15 min) y Platja d'en Tortuga (20 min):** están situadas en el Parque Natural de s'Albufera des Grau. Desde Maó cogemos la Me-7, primero, y la Cf-1, después, hasta 600 m antes del faro de Favàritx. A mano derecha, vemos el panel informativo del Camí de Cavalls y lo seguimos hasta una cruce (10 min): a la izquierda, tenemos a 5 min la cala Presili y, si continuamos de frente, llegamos a la de En Tortuga (10 min).

Cala des Tamarells y Sa Torreta

- **Platja de Cavalleria (10 min) y Cala Mica (30 min):** cogemos la carretera del Cap de Cavalleria (Cf-3) y, a unos 3 km, encontramos a mano izquierda el aparcamiento. Cruzamos una pared, bajamos a la playa por las escaleras de madera (10 min) y la recorremos hasta la mitad, donde vamos hacia la izquierda de subida (5 min). Llegamos a un camino transversal (Camí de Cavalls), donde giramos hacia la derecha, siguiendo la costa. Pasamos una barrera (5 min) y descendemos a cala Mica (10 min).

- **Platja de Binimel·là (5 min) y Cala Pregonda (30 min):** a Binimel·là se llega desde Es Mercadal en coche o desde Ferreries por un bonito itinerario señalizado de bicicleta de montaña, que pasa por Sant Antoni de Ruma.
  Bajamos del aparcamiento hacia la Platja de Binimel·là (5 min) y la atravesamos hacia el oeste (izquierda). Subimos unos minutos, pasamos por una cala de guijarros y llegamos a la primera playa de cala Pregonda. El color blanco-amarillento de las rocas se debe a su origen volcánico. Volvemos a subir y, por una pista, bajamos hasta la segunda playa.

- **Cala del Pilar (45 min):** el Camí del Pilar arranca del km 34,2 de la Me-1, si venimos de Maó, o del 34,8, si venimos de Ciutadella. Vamos unos 4 km por asfalto y unos 800 m por pista hasta el aparcamiento. Caminamos unos metros por la pista en dirección al *"lloc"* de Sant Felip y giramos a la derecha por un camino ancho y arenoso, que discurre por el encinar. Al cabo de unos 10 min, ignoramos una bifurcación a la izquierda, donde el sendero permite llanear. Dejamos, más adelante, un sendero cerrado a la derecha y seguimos una pared medianera hasta un camino transversal (10 min, Camí de Cavalls). Bajamos por el sendero arenoso hasta un cruce (10 min), donde vamos a mano izquierda, por escaleras, hasta la cala del Pilar (10 min).

- **Platges de Son Saura (1h 15min):** primero vamos a la playa de Son Xoriguer, desde Ciutadella, por la carretera del Cap d'Artrutx y, desde aquí, seguimos el Camí de Cavalls. También podemos ir desde cala En Turqueta (1h 15min) por el itinerario J3.

- **Cala En Turqueta (1h 15min):** Se puede ir desde las Platges de Son Saura por el itinerario J2 y desde cala Macarella (45 min) por el J4.

- **Calas Macarella (45 min) y Macarelleta (30 min):** se accede a ellas desde cala En Turqueta por el itinerario J3 o desde Cala Galdana por el J4.

- **Cala Galdana – Cala Mitjana (20 min) – Cala Trebalúger (50 min):** seguimos la etapa 14 del Camí de Cavalls hasta cala Mitjana. Bajamos a la playa, la cruzamos en línea recta y subimos por los escalones de roca hacia la parte superior del acantilado (10 min). Pasamos una pared medianera, seguimos de frente hasta una bifurcación y, en la siguiente (8 min), vamos a la izquierda, primero, y, a la derecha, después. Desde aquí, descendemos en 10 min a cala Trebalúger. A partir de cala Mitjana, no es aconsejable recorrer el itinerario en bicicleta.

- **Sant Tomàs – Playas de Binigaus (15 min) – Cala Escorxada (45 min) – Cala Trebalúger (1h 30min):** vamos por la costa hacia el oeste (derecha). Atravesamos el Barranc de Binigaus (15 min) por la playa y, al otro lado, abandonamos el Camí de Cavalls y giramos a la derecha, siguiendo el itinerario K. A partir de aquí, no es aconsejable ir en bicicleta.

- **Playa de Son Bou (20 min):** es la más larga de la isla y se puede llegar a su extremo más virgen desde Sant Tomàs, siguiendo el itinerario N.

- **Cala de Llucalari (20 min):** se puede ir desde Son Bou, siguiendo la etapa 16 del Camí de Cavalls.

- **Calascoves (25 min):** desde Cala en Porter, cogemos el Camí de Cavalls (etapa 17).

- **Cala Alcalfar (45 min):** podemos ir por la costa, desde Punta Prima, siguiendo la etapa 19 del Camí de Cavalls.

- **Cala de Rafalet (20 min):** cerca del núcleo turístico de S'Algar, el Camí de Cavalls atraviesa la carretera. Vamos desde aquí hacia la izquierda, hasta el fondo de un barranco (10 min), y nos desviamos a mano derecha por una portilla hasta la caleta (10 min).

### En coche:

Al ser accesibles en vehículo, la mayor parte de las calas están masificadas en verano. El Ayuntamiento de Ciutadella ha instalado unos paneles en la ronda sur, que informan sobre si quedan plazas libres en los aparcamientos de las calas del término municipal y, cuando están llenos, se prohíbe el acceso en coche.

- **Platges de Son Saura,** a 3 min del aparcamiento. Consultad el itinerario J2.

- **Cala En Turqueta,** a 10 min del aparcamiento, siguiendo el itinerario J3.

- **Cala Macarella,** a 15 min del aparcamiento. Consultad el itinerario J4.

- **Cala Mitjana,** desde el km 6 de la Me-22 (carretera de Cala Galdana), sale la pista hacia el aparcamiento que está a 1 min de la playa.

- Para acceder a la **Platja de Cavalleria** o a la de **Binimel·là**, debemos caminar unos 10 minutos (véase el apartado anterior).

# Senderismo

Cala Barril (etapa 6)

Caminar es la mejor manera de disfrutar de la variedad paisajística de la isla y de dejarnos sorprender por la influencia armoniosa de la mano del hombre sobre la naturaleza. Veremos los "llocs" (casas de payés) en medio del paisaje en mosaico: paredes de piedra en seco que delimitan los cercados y los restos de bosque o matorral. Iremos de cercado en cercado a través de las barreras elaboradas con madera de acebuche por los "araders", un oficio que ha perdurado hasta nuestros días. Por el camino veremos barracas, abrevaderos, aljibes, canteras de arenisca, hornos de cal, salinas y torres de defensa.

En los últimos años, las posibilidades para practicar el senderismo en Menorca se han incrementado notablemente. A este hecho ha contribuido la creación de senderos litorales, la compra de terrenos en zonas costeras, la señalización de los caminos públicos en los municipios de Sant Lluís, Maó y Es Castell, y la apertura del Camí de Cavalls. El marcaje de los caminos puede ser con paneles informativos, letreros direccionales, estacas cuadradas (en el Camí de Cavalls) o cilíndricas (en los senderos litorales) y señales de pintura.

Debido a las numerosas propiedades privadas, en algunos itinerarios descritos y en las etapas escogidas del Camí de Cavalls, deberemos regresar por el camino de ida. Podemos evitarlo si disponemos de dos vehículos o queremos coger un taxi para volver al punto de inicio. Entre los itinerarios que proponemos, encontraréis los tramos más bonitos del Camí de Cavalls, que corresponden a las etapas 2, 5, 6, 7, 8, 12, 13, 14, 15, 16 y 19. En el apartado de Las calas" hay más propuestas de excursiones cortas. Para poner al día estos itinerarios y el mapa, disponéis de la dirección:

**http://www.gr223.info**

# A. POR LOS ALREDEDORES DE MAÓ

*La visita del centro histórico y un paseo por el puerto están expli-cados en la ruta ciclista B1. El itinerario A1 discurre por la parte sur del Port de Maó, desde su entrada hasta Sa Culàrsega. Después, os proponemos una excursión corta a Sant Joan des Vergers (A2) y otra a Llucmaçanes (A3). Las dos últimas salen desde la Cala de Sant Esteve y se dirigen hacia el sur.*

### A1.- De Es Castell a Maó

 **Duración:** 1h 30min *(sólo de ida)*

 **Desnivel:** 50 m

**D** **Dificultad:** media

**Ciclabilidad:** media-alta (los tramos de sobre los acantilados entre Sol del Este y Calesfonts se deberían hacer por calles interiores)

*Interesante excursión costera desde la entrada al puerto, que pasa por las calas Pedrera, Fonts, Corb y el Fonduco para llegar a Maó.*

*Acceso al punto de partida: al salir de Es Castell yendo a Sant Lluís por la carretera Me-6, giramos a la izquierda hacia la urbanización Sol del Este por una calle que se desvía hacia la izquierda y se transforma en el paseo marítimo. En el número 19, vemos a la derecha una señal de "Prohibido el paso de vehículos" y un sendero.*

Lo cogemos y, cuando llegamos a la costa, vamos hacia la derecha. Al cabo de pocos minutos, pasamos una pared y podemos continuar, como mínimo, hasta una cala (5 min), a unos metros de una zona militar. Desde aquí, disfrutamos de una buena panorámica de la entrada al Port de Maó, de la fortaleza de la Mola y de Latzareto.

Regresamos por el camino de ida, pero no nos dirigimos al punto de partida, sino que seguimos por el sendero costero entre los chalets y los acantilados hasta que salimos a una calle (10 min). Caminamos unos 100 m y bajamos por unos escalones a la derecha hasta un mirador que hay sobre la cala Pedrera. Al lado de un indicador comienza una senda es-trecha por encima de los acantilados hasta cerca de Calesfonts (10 min), donde descendemos por escaleras de madera hacia el muelle (2 min). Vamos por el paseo marítimo hasta el final (5 min) y bajamos unos escalones para continuar cerca de la costa. Subimos hacia el Passeig de Santa Àgueda (5 min), cogemos la calle de Sant Ignasi y giramos a la derecha por la de Bellavista hasta hallarnos sobre cala Corb. A partir de aquí no seguimos en primera línea, sino que cogemos la calle de Cala Corb hacia la izquierda y, al cabo de pocos metros, a la derecha, la calle Stuart hasta el final. Continuamos en la misma dirección a través de un descampado y, a unos 300 m, vamos a la derecha hacia la costa por un sendero que atraviesa una pared y va al lado de otra. A unos 400 m, cuando el sendero gira hacia el interior, y antes de llegar a una pista, nos desviamos hacia la derecha, descendemos por unos escalones junto a unas casas y llegamos al Fonduco.

Desde aquí, seguimos por la calle junto al puerto y, en la segunda bifurcación (costa de Corea), podemos subir a la izquierda hacia el casco histórico de Maó y hacia su paseo marítimo (situado sobre los acantilados del puerto) o ir a la derecha cerca del mar.

*Para más información, podéis consultar la ruta B1.*

## A2.- Sant Joan des Vergers
*Iitinerario circular*

| | |
|---|---|
| 🕐 | **Duración:** 45 min |
| 🌓 | **Desnivel:** 50 m |
| Ⓓ | **Dificultad:** baja |
| 🚲 | **Ciclabilidad:** media-alta |

*Con este paseo descubriremos el tranquilo rincón de Sant Joan des Vergers. Esta excursión se puede hacer más larga, siguiendo la ruta B2 del apartado de "Bicicleta de montaña".*

**Acceso al punto de partida:** *a la entrada a Maó por la Me-1, en el primer semáforo, vamos a la izquierda, en dirección al centro de salud por la calle Fornells. Aparcamos cerca de la segunda calle a mano derecha (Camí de Dalt de Sant Joan). Por la pista de la izquierda, acabaremos nuestra excursión.* Seguimos de frente por el lado izquierdo de la calle Fornells y, después de que gire hacia la derecha y pasado el número 18, bajamos por las escaleras (5 min). El paseo peatonal con buena panorámica desemboca en la costa de Ses Piques (5 min), donde cogemos hacia la izquierda y llegamos al muelle. Seguimos hacia la izquierda, caminando junto a los barcos, y, cuando el paseo se desvía a la derecha, vamos de frente por la Me-7 (es mejor que nos quedemos a la derecha de la carretera, ya que sólo debemos ir por ella unos 100 m y nos será más fácil cruzar la rotonda).

Sant Joan des Vergers (Maó)

En la rotonda, atravesamos, primero, la carretera de la Mola y, después, la de Fornells. La siguiente salida es el Camí de Baix de Sant Joan, que nos conduce a la ermita. Antes de regresar a Maó, merece la pena explorar el camino empedrado por el barranco de Alfavaret, que está a la derecha de nuestro camino de regreso.

Con la iglesia a nuestra espalda, cogemos el Camí de Dalt, que sale delante de nosotros, cruzamos la carretera (5 min) y llegamos al punto de partida (5 min).

### A3.- Llucmaçanes
**Iitinerario circular**

| | |
|---|---|
|  | **Duración:** 1h 15min |
|  | **Desnivel:** 20 m |
| **D** | **Dificultad:** baja |
| **&#x2699;** | **Ciclabilidad:** media-alta |

*Excursión corta para conocer la aldea de Llucmaçanes, pasando por senderos estrechos muy pintorescos. También podemos llegar a ella haciendo una excursión más larga por la ruta B3 del apartado de "Bicicleta de montaña".*

*Acceso al punto de partida: en la ronda de Maó, giramos hacia Sant Lluís por la carretera Me-8 y, a unos 300 m, a la derecha (restaurante El Picadero), donde podemos aparcar.*

Vamos por la pista y, a los 3 min, dejamos a mano derecha nuestro camino de regreso (señalizado como PR) y seguimos de frente. En el próximo cruce (8 min), nos desviamos hacia la derecha y llegamos, poco después, a Llucmaçanes. Por la tranquilidad que se respira, cuesta creer que estamos entre la capital de una isla y su aeropuerto.

Camí d'en Claudis

Cuando encontramos la calle transversal, vamos en línea recta hacia la iglesia de Sant Gaietà, donde cogemos la carretera de acceso en dirección a Maó. A poco más de un kilómetro, cogemos a la derecha el Camí d'en Claudis, que se transforma en un sendero estrecho y cruza una carretera de frente. A los 2 minutos, dejamos un camino a la izquierda, seguimos por el Camí de Darrere Malbúger Vell, ignoramos las bifurcaciones y vamos a parar al camino de ida (10 min), donde giramos a la izquierda hasta el aparcamiento.

## A4.- De la Cala de Sant Esteve a Trebalúger
*Itinerario circular*

| | |
|---|---|
|  | **Duración:** 2h 30min |
|  | **Desnivel:** 50 m |
| Ⓓ | **Dificultad:** media |
| 🚲 | **Ciclabilidad:** media-alta (baja, en los senderos estrechos y pedregosos) |

*Itinerario que pasa por senderos estrechos de gran belleza y nos permite visitar el interesante talayot de Trebalúger.*

*Acceso al punto de partida: vamos desde Es Castell en dirección al castillo de Sant Felip y, poco después, giramos a la derecha hacia la Cala de Sant Esteve por la Cf-2. Es mejor utilizar el aparcamiento situado a la izquierda antes de llegar a la cala (el de fuerte Marlborough).*

Atravesamos la carretera y bajamos por un camino empedrado. Vamos bordeando la cala hacia la derecha y, a unos 150 m, vemos a mano derecha un sendero de subida. Aquí encontramos el panel informativo del Camí de Cavalls, que seguimos sólo durante 10 min hasta una ancha pista que seguimos hacia la derecha (a la izquierda está Villa Eugenia). A unos 700 m, llegamos al Camí de Binissaida, nos desviamos a la derecha y, a unos 400 m (donde la carretera gira hacia la derecha), cogemos el Camí Fosc hacia la izquierda. Continuamos por la ruta cicloturística, en dirección a Sant Lluís unos 1.500 m hasta el cruce con el Camí de Rafalet, donde vamos de frente. A unos 50 m, nos desviamos hacia la izquierda por el Camí de sa Torre y, al final, giramos a la derecha. En la próxima bifurcación, vamos hacia la izquierda para visitar el talayot de Trebalúger.

Regresamos a la última bifurcación y giramos hacia la izquierda hasta la carretera Me-6, que seguimos unos metros hacia la derecha para coger a la izquierda el Camí de Trepucó a Trebalúger, que se estrecha y es muy pedregoso en algunos tramos. Cuando vuelve a ensancharse, cogemos el primer camino a mano derecha hasta el final, de donde sale a la izquierda un sendero estrecho de gran belleza. Llegamos al Camí de Biniatap, donde vamos unos metros a la izquierda para girar a la derecha, por el Camí des Rafal. Ignoramos dos bifurcaciones y, en una pista asfaltada, continuamos en línea recta hasta la carretera Me-6 de Es Castell a

Sant Lluís. Caminamos de frente en dirección a Es Castell y giramos, al cabo de 300 m, a la derecha y, en la siguiente bifurcación, nuevamente a la derecha hasta el aparcamiento de la Cala de Sant Esteve.

### A5.- De la Cala de Sant Esteve a Punta Prima
*Itinerario circular*

| | |
|---|---|
| 🕐 | **Duración:** 5h 30min |
| ◐ | **Desnivel:** 200 m |
| Ⓓ | **Dificultad:** media |
| 🚲 | **Ciclabilidad:** media-alta (baja, entre Punta Prima y la cala de Alcalfar) |

*Excursión variada que pasa por una torre de defensa, un talayot, una cala pintoresca y senderos estrechos de gran belleza. La podemos acortar cogiendo el Camí de Rafalet.*

*Acceso al punto de partida:* consultad el itinerario anterior.
Seguimos el itinerario A4 hasta el talayot de Trebalúger (1 h). Desde aquí, regresamos a la última bifurcación y giramos a la derecha hasta el Camí de sa Torre. Si queremos acortar la excursión, cogemos este camino hacia la izquierda y, en el próximo cruce, el Camí de Rafalet a mano derecha hasta el final, donde cogemos el Camí de Cavalls hacia la izquierda (1 h).
Si queremos llegar a Punta Prima, dejamos el Camí de sa Torre a la izquierda y continuamos de frente hasta una plaza que atravesamos en línea recta. Cogemos el Camí de Trebalúger, sin asfaltar, que desemboca en el Camí des Rafaletó, donde abandonamos la ruta cicloturística y seguimos a la izquierda. En el siguiente cruce, cogemos el Camí de s'Olivera hacia la derecha y llegamos a la carretera de Sant Lluís a Punta Prima (45 min), que cruzamos en línea recta. A partir de ahora, seguiremos la ruta cicloturística, ignorando todas las bifurcaciones, hasta Biniancolla (1 h). Desde aquí, podemos ir directamente a Punta Prima por el carril bici, pero es más bonito dirigirse a la costa y, tras 250 m, desviarse hacia la izquierda en dirección a Son Ganxo. Enlazamos con la etapa 18 del Camí de Cavalls (mirad más adelante), que nos conduce, en 30 min, al final de Punta Prima y, desde aquí, en 2h 15min, a la Cala de Sant Esteve.

## B. BICICLETA DE MONTAÑA

*Encontraréis estos itinerarios en el apartado de "Bicicleta de Montaña" (ver pág. 40).*

# C. PARQUE NATURAL DE S'ALBUFERA DES GRAU – CAP DE FAVÀRITX

*El único parque natural de la isla protege, desde 1995, unas 5.000 hectáreas de zonas húmedas, playas, bosques, tierras de cultivo y dunas. También incluye la isla de En Colom, de características naturales singulares, y el Cap de Favàritx, donde afloran pizarras y areniscas del Carbonífero, de más de 300 millones de años.*

*El Centro de Interpretación está ubicado en una construcción de la urbanización inacabada de Shangril·là y los dos itinerarios señalizados discurren por sus calles abandonadas. En los años setenta, se había proyectado en la parte sur de S'Albufera un campo de golf, docenas de chalets y la conversión de la laguna en un puerto deportivo. La movilización popular consiguió parar esta agresión, cuando ya se habían construido los viales y una veintena de casas.*

*Podemos llegar a pie desde Maó, siguiendo la etapa 1 del Camí de Cavalls, o en vehículo, por la Me-5. Desde el km 3,5, se accede al Centro de Interpretación, que cuenta con una exposición permanente y organiza visitas guiadas. Para más información: Tel. 971 356 302/03, correo electrónico: naturalesgrau@yahoo.es. De junio a septiembre hay transporte público desde Maó a Es Grau.*

## C1.- Itinerario de Llimpa

 **Duración:** 40 min

**Distancia:** 1,7 m

*Es el que tiene las mejores vistas de la laguna y en dirección a Es Grau. Se puede hacer a pie y en bicicleta.*

Desde el Centro de Interpretación, seguimos unos 400 m hasta una rotonda, donde se puede aparcar. Pasamos la barrera de la derecha y vamos directamente al mirador de Ses Puntes, situado al final de la pista (850 m). De regreso, podemos visitar un lugar para acechar las aves, a la derecha del camino.

## C2.- Itinerario de Santa Madrona

 **Duración:** 1 h

*Es el mejor para observar las aves acuáticas. Sólo se puede hacer a pie.*

Desde el Centro de Interpretación, seguimos unos 400 m hasta la rotonda, donde se puede aparcar. Pasamos la barrera de la izquierda por

unos escalones y, al cabo de unos 200 m, giramos a la derecha hasta el mirador de la punta de Ses Ànedes (caseta para acechar aves). Volvemos unos 100 m por el camino de ida y nos desviamos hacia la derecha. En la siguiente bifurcación, vamos hacia la derecha hasta el Mirador des Prat y seguimos por un sendero que desemboca en el camino de ida, donde seguimos hacia la derecha hasta el punto de partida.

### C3.- Itinerario de Sa Gola

 **Duracón:** 45 min

 **Distancia:** 1,7 m

*Combina un recorrido por la zona húmeda con un agradable paseo por el bosque y un camino de retorno por la playa. Se puede hacer a pie o en bicicleta.*

El punto de partida está situado en el km 6 de la carretera Me-5, a la entrada de Es Grau. Al cabo de pocos metros, pasamos un puente y, poco después, nos desviamos a la izquierda por las pasarelas de madera hasta el mirador de la punta de Sa Gola (5 min). De regreso, vamos por las pasarelas de la izquierda hacia el bosque (5 min), donde giramos a la izquierda hasta el final de la playa (15 min). Regresamos por la orilla del mar hacia Es Grau.

### C4.- Es Grau – Cap de Favàritx

 **Duración:** 2h 45min *(sólo de ida)*

Si seguimos la etapa 2 del Camí de Cavalls, podemos conocer la zona costera del parque.

### C5.- Cap de Favàritx – Cala Presili – Platja d'en Tortuga

🕑 **Duración:** 30 min *(sólo de ida)*

Este itinerario explicado en el apartado de las calas nos llevará a las mejores playas vírgenes del parque.

### C6.- Camí d'Addaia – S'Hort des Lleó

🕑 **Duración:** 1h 30min *(sólo de ida)*

Seguimos la ruta B9.

# D. CALA TIRANT – SANITJA

### D1.- Cala Tirant – Sanitja

🕑 **Duración:** 1h 30min *(sólo de ida)*

◗ **Desnivel:** 100 m

Ⓓ **Dificultad:** media

🚲 **Ciclabilidad:** media

Seguiremos la primera parte de la etapa 5 del Camí de Cavalls y podríamos alargar el itinerario yendo al faro del Cap de Cavalleria o al Ecomuseo.

# E. PLATJA DE BINIMEL·LÀ – APARCAMIENTO DE LA CALA DEL PILAR

### E1.- Platja de Binimel·là – Aparcamiento de la cala del Pilar

🕑 **Duración:** 4h 45min *(sólo de ida)*

◗ **Desnivel:** 650 m de subida y 570 m de bajada

Ⓓ **Dificultad:** media-alta

🚲 **Ciclabilidad:** baja

Se trata del tramo más aislado y más duro del Camí de Cavalls, donde deberíamos contar con dos vehículos. Seguiremos la etapa 6 de Binimel·là a Els Alocs y, después, la 7 hasta la bifurcación de cala del Pilar. Continuamos de subida por un sendero arenoso hasta un cruce (15 min), en el que abandonamos el Camí de Cavalls, girando hacia la izquierda. En el bosque, ignoramos todas las bifurcaciones y llegamos al aparcamiento (20 min).

# F. APARCAMIENTO DE LA CALA DEL PILAR—ALGAIARENS

## F1.- Aparcamiento de la Cala del Pilar – Algaiarens

🕐 **Duración:** 2h 20min *(sólo de ida)*

◐ **Desnivel:** 120 m de subida y 200 m de bajada

Ⓓ **Dificultad:** media-baja

🚲 **Ciclabilidad:** media-alta

El Camí del Pilar arranca del km 34,2 de la Me-1, si venimos de Maó o del km 34,8, si venimos desde Ciutadella. Caminamos desde el aparcamiento unos metros por la pista en dirección al *"lloc"* de Sant Felip y giramos a la derecha por un camino ancho y arenoso en medio del encinar. Al cabo de 10 min, ignoramos una bifurcación a la izquierda, dejamos otro sendero cerrado a la derecha y vamos al lado de una pared medianera hasta el Camí de Cavalls, donde nos desviamos hacia la izquierda, siguiendo la etapa 7.

# G. ALGAIARENS – CALA MORELL

## G1.- Algaiarens – Cala Morell

🕐 **Duración:** 1h 50min *(sólo de ida)*

◐ **Desnivel:** 150 m de subida y 120 m de bajada

Ⓓ **Dificultad:** media-baja

🚲 **Ciclabilidad:** media-baja

Seguimos la etapa 8 del Camí de Cavalls. Su tramo más interesante es el primero que nos conduce al Codolar de Biniatram.

Cerca de Cala Morell

# H. CASTELL DE SANTA ÀGUEDA

## H1.- Castell de Santa Àgueda (259 m)

| | |
|---|---|
| 🕐 | **Duración:** 30 min *(sólo de ida)* |
| ◖ | **Desnivel:** 170 m |
| Ⓓ | **Dificultad:** media |
| 🚲 | **Ciclabilidad:** media |

*Los árabes ocuparon la isla durante tres siglos (902-1287) y dejaron una fortaleza sobre una montaña que es, actualmente, la única cumbre de la isla accesible a pie.*

*Acceso al punto de partida: yendo de Maó a Ciutadella por la Me-1, giramos a la derecha en el km 31,5 (Camí dels Alocs). Recorremos 3 km de pista asfaltada hasta una escuela abandonada a la derecha, en la entrada del "lloc" de Santa Cecília.*

Cogemos la pista entre la escuela y la entrada al *"lloc"*, y cruzamos una barrera al cabo de 25 m. Después de un cuarto de hora, comienza el sendero empedrado que pasa al lado de un cobertizo y llega, 10 min más tarde, a la cima, donde se conservan algunas murallas y una casa de payés. Regresamos por el camino de ida.

# J. LAS CALAS DEL SUR DE CIUTADELLA

*La zona costera entre Cala en Bosc y Cala Galdana es una de las más pintorescas de Menorca. Si se quiere recorrer en su totalidad, deberíamos disponer de dos vehículos o utilizar, en temporada alta, el transporte público. Para los que dispongan de un único vehículo, proponemos caminar por los tramos más bonitos, desde cala En Turqueta o Macarella, y recorrer unos itinerarios (casi) circulares. Las etapas del Camí de Cavalls, a las que se hace referencia en las explicaciones, están descritas en su apartado correspondiente.*

## J1.- Playa de Cala en Bosc – Cala Galdana

| | |
|---|---|
| 🕐 | **Duración:** 4h 15min |
| ◖ | **Desnivel:** 320 m |
| Ⓓ | **Dificultad:** media |
| 🚲 | **Ciclabilidad:** media |

*Acceso al punto de partida: desde la ronda sur de Ciutadella (RC-2), cogemos la carretera del Cap d'Artrutx. En la rotonda de entrada, giramos a la izquierda y seguimos los indicadores de "Platja de Cala en Bosc". Podemos aparcar al lado del hotel Cala en Bosc.*

Desde aquí, seguimos la etapa 12 del Camí de Cavalls a cala En Turqueta y, a continuación, la 13 hasta Cala Galdana.

## J2.- Itinerarios desde las Platges de Son Saura

*En la ruta de acceso, merece la pena hacer una parada en el poblado talayótico de Son Catlar y visitar su impresionante muralla. La excursión más bonita es la que nos conduce a cala En Turqueta por el Camí de Cavalls. El regreso lo podemos hacer hasta Cala des Talaier, por un sendero interior. El itinerario a la playa de Son Xoriguer o a la de Son Bosc es muy llano y rocoso, y debemos ir y volver por el Camí de Cavalls.*

*Acceso al punto de partida: en una rotonda de la ronda sur de ciutadella (RC-2), cogemos la carretera en dirección a las calas del sur y, a 3,5 km, vamos de frente. Pasamos cerca de Son Catlar y llegamos al aparcamiento de las playas (6,5 km).*

### J2.1- Platges de Son Saura – Playa de Son Xoriguer – Cala en Bosc

| | |
|---|---|
| 🕐 | **Duración:** 1h 30min |
| ◖ | **Desnivel:** 20 m |
| Ⓓ | **Dificultad:** media |
| ⛰ | **Ciclabilidad:** media-baja |

Después de la barrera del aparcamiento, vamos a la derecha por un camino ancho hasta una barrera (1 min), que cruzamos hacia la derecha. Desde aquí, seguiremos la etapa 12 del Camí de Cavalls en dirección contraria a la que hemos descrito en su apartado: pasaremos cerca de búnkeres y trincheras de la Guerra Civil por un sendero costero, que nos conducirá, en una hora, a la Cova des Pardals. Desde aquí, podemos llegar a la playa de Son Xoriguer (20 min) y continuar por la punta de Sa Guarda hasta Cala en Bosc (15 min más). Debemos regresar por el camino de ida.

### J2.2- Platges de Son Saura – Cala des Talaier – Cala En Turqueta

| | |
|---|---|
| 🕐 | **Duración:** 1h 15min |
| ◖ | **Desnivel:** 40 m |
| Ⓓ | **Dificultad:** media |
| ⛰ | **Ciclabilidad:** media-baja |

Cogemos la pista que sale del aparcamiento y, al cabo de 2 min, la abandonamos y nos desviamos hacia la derecha, caminando por la playa hasta la torre del socorrista, donde seguimos la etapa 12 del Camí de Cavalls. El regreso lo haremos por el sendero interior descrito en el itinerario J3.1.

## J3.- Itinerarios desde cala En Turqueta

*La excursión más bonita es la que nos conduce a cala Macarella por el Camí de Cavalls y regresa al punto de partida por el sendero litoral. Si, cuando se llega a cala En Turqueta, se quiere seguir caminando, acon- sejamos ir, como mínimo a Cala des Talaier por un sendero interior y regresar por la costa. De Cala des Talaier a las Platges de Son Saura sólo disponemos del Camí de Cavalls, ya que el sendero por el interior está cerrado por motivos medioambientales.*

*Acceso al punto de partida: en una rotonda de la ronda sur de Ciutadella (RC-2), cogemos la carretera en dirección a Sant Joan de Missa (4,5 km) y, desde aquí, vamos de frente hasta el aparcamiento (6 km). Podemos bajar a la cala por la pista o por un sendero: en este caso, nos desviaremos a mano derecha a unos 200 m del aparcamiento, cuando la pista gira a la izquierda. Al cabo de unos 10 min, llegamos a la cala, donde encontramos el panel informativo de la etapa 13.*

### J3.1- Cala En Turqueta – Cala des Talaier *(por el sendero interior)* – Platges de Son Saura

| | |
|---|---|
|  | **Duración:** 1 h |
|  | **Desnivel:** 40 m |
| **D** | **Dificultad:** media |
| 🚲 | **Ciclabilidad:** media-alta (baja, a partir de Cala des Talaier) |

A la derecha de la cala, subimos unos escalones que nos llevan, des- pués de una portilla, a un sendero transversal (3 min), que seguimos a mano derecha. Pocos metros después, dejamos a la izquierda el Camí de Cavalls (en dirección a las Platges de Son Saura) y seguimos de fren- te. Muy cerca, antes de una portilla, abandonamos el Camí de Cavalls (en dirección a cala En Turqueta) y giramos a la izquierda, de subida. Tras 5 minutos, encontramos una pared medianera que seguimos has- ta Cala des Talaier (20 min) y, desde aquí, continuamos por el Camí de Cavalls cerca de la costa hasta la primera playa de Son Saura (15 min).

Cala En Turqueta

La cruzamos, pasamos un puente, giramos a la izquierda y llegamos a la torre del socorrista y a la segunda playa (7 min, la pista de la derecha nos conduce al aparcamiento).

El regreso lo haremos por el mismo camino hasta la Cala des Talaier, desde donde cogeremos el Camí de Cavalls cerca de la costa.

### J3.2- Cala En Turqueta – Cala Macarella

| | |
|---|---|
| 🕐 | **Duración:** 45 min |
| ◗ | **Desnivel:** 80 m |
| Ⓓ | **Dificultad:** media-baja |
| 🚲 | **Ciclabilidad:** media-alta (a excepción de la parte final) |

Seguimos la etapa 13 del Camí de Cavalls. El regreso lo haremos siguiendo el sendero litoral descrito en el itinerario J4.1.

### J4.- Itinerarios desde cala Macarella

*El itinerario más interesante es el que nos conduce a cala En Turqueta por el sendero litoral y regresa al punto de partida por el Camí de Cavalls. Si queremos alargarlo, podemos ir a Cala Galdana por el Camí de Cavalls y regresar directamente al aparcamiento por pistas interiores.*

*Acceso al punto de partida: en una rotonda de la ronda sur de Ciutadella (RC-2), cogemos la carretera en dirección a Sant Joan de Missa (4,5 km) y, desde aquí, giramos a la izquierda hasta el aparcamiento (8 km). Vamos por un camino ancho y, al final (5 min), nos desviamos unos metros a la derecha para coger el sendero de la izquierda de bajada, hasta el lado izquierdo de la cala (7 min).*

### J4.1- Cala Macarella – Cala En Turqueta, *por el sendero litoral*

| | |
|---|---|
| 🕐 | **Duración:** 45 min |
| ◗ | **Desnivel:** 80 m |
| Ⓓ | **Dificultad:** media |
| 🚲 | **Ciclabilidad:** media-baja |

En el lado derecho de la playa, dejamos a mano derecha el Camí de Cavalls y subimos por unos escalones, con vistas impresionantes, hasta la parte alta del acantilado (3 min), donde el camino se desvía hacia la derecha. A partir de aquí, la panorámica sobre cala Macarelleta es de gran belleza. Bajamos por los escalones hasta la playa (7 min) y cogemos la pista de acceso unos dos minutos: cuando tenemos a la derecha el Camí de Cavalls, vamos hacia la izquierda por un sendero estrecho de subida. En el cruce (3 min, a la izquierda, a 3 min, hay un buen mirador), cogemos el camino de la derecha e ignoramos todas las bifurcaciones hasta que encontramos el Camí de Cavalls (20 min). Continuamos en línea recta y llegamos a cala En Turqueta (5 min). Para ir al aparcamiento, giramos a la derecha, atravesando un descampado (1 min). Unos 15 metros después de pasar una portilla, abandonamos la pista y nos desviamos hacia la izquierda por un sendero que nos conduce, a través del bosque, hasta el aparcamiento (10 min). Si hemos de regresar a cala Macarella, seguiremos la etapa 13 del Camí de Cavalls.

### J4.2- Cala Macarella – Cala Galdana
*Regreso por el interior a cala Macarella*

| | |
|---|---|
| 🕐 | **Duración:** 1h 15min |
| ◑ | **Desnivel:** 50 m |
| Ⓓ | **Dificultad:** baja |
| 🚲 | **Ciclabilidad:** media-alta |

Desde el lado izquierdo de la playa, seguimos la etapa 13 hasta Cala Galdana. Desde aquí, podríamos visitar la desembocadura del Barranc d'Algendar (itinerario L2).

Para regresar a cala Macarella, vamos a la izquierda por la calle de llegada a Cala Galdana (bordeando el hotel Audax) y cogemos la primera calle a mano izquierda hasta el final. Unos 15 metros a la derecha de las escaleras de madera comienza un sendero que seguimos, de subida hasta el final (10 min), donde seguimos en línea recta unos metros. Llegamos a un cruce: no vamos por la pista de la derecha ni por la de delante, sino que cruzamos por unos escalones la pared de la izquierda. A unos 30 m, cogemos la pista de la izquierda que nos conduce, en 10 min, a una bifurcación importante: el sendero de la derecha va al aparcamiento (5 min) y el que tenemos delante a cala Macarella (7 min).

# K. CALA GALDANA – PLAYAS DE BINIGAUS

### K1.- Cala Galdana – Playas de Binigaus por el Camí de Cavalls
*Regreso por el sendero litoral*

| | |
|---|---|
| 🕐 | **Duración:** 5 h |
| ◑ | **Desnivel:** 600 m |
| Ⓓ | **Dificultad:** media-alta |
| 🚲 | **Ciclabilidad:** media-alta (baja, en el sendero litoral de regreso) |

*Itinerario que combina un tramo del Camí de Cavalls, que atraviesa bosques y barrancos, con un sendero costero que cruza algunas de las calas más bonitas de la costa sur. Esta excursión se podría comenzar* en Sant Tomàs, desde donde iríamos hacia la derecha (oeste) por la costa hasta las playas de Binigaus (15 min). Aquí, seguiríamos primero el sendero litoral y regresaríamos desde Cala Galdana por el Camí de Cavalls.

*Acceso al punto de partida: en la rotonda de entrada a Cala Galdana, cogemos la calle de la izquierda (Avinguda de sa Punta) y giramos por la tercera calle a mano izquierda (calle del Camí de Cavalls). Al cabo de unos 50 m, encontramos el panel de la etapa 14. A Cala Galdana se puede llegar en transporte público.*

### K1.1- Cala Galdana – Playas de Binigaus

 **Duración:** 2h 30min

Seguimos la etapa 14 del Camí de Cavalls.

### K1.2- Playas de Binigaus – Cala Galdana, *por el sendero litoral*

🕐 **Duración:** 2h 30min

Viniendo de Cala Galdana por el Camí de Cavalls, vamos a la derecha por la pista hasta la costa (3 min) y dejamos a mano izquierda la playa. El sendero discurre por el bosque y tiene muy buenas vistas sobre las calas, al pie de los acantilados. Un cuarto de hora más tarde, encontramos una barandilla de madera, a partir de la cual, el camino va por la costa rocosa hasta cala Escorxada (30 min). Nos dirigimos hacia el interior por un sendero acotado (para la protección de los sistemas de dunas) y cogemos la pista hacia la izquierda, que abandonamos a la altura de cala Fustam (10 min). Vamos a la playa y cogemos, a la derecha, un sendero de subida. Después de un fuerte descenso, llegamos a Cala Trebalúger (30 min), la cruzamos (5 min) y subimos por unos escalones

Cala Escorxada

de piedra. En la parte plana superior, encontramos una bifurcación (10 min), donde giramos a la izquierda y, poco después, a la derecha. Dejamos un sendero a la derecha (8 min), vamos de frente, pasamos una pared medianera (con un mirador a la izquierda) y bajamos por escalones de piedra a cala Mitjana (10 min). Pasamos por las escaleras de madera a la derecha de la playa, cogemos, a la izquierda, el Camí de Cavalls y pasamos por encima de Cala Mitjaneta. Subimos hasta una bifurcación (10 min), donde vamos primero a la izquierda y, al cabo de unos 100 m, a la derecha, hasta la urbanización de Cala Galdana (7 min).

# L. BARRANCO DE ALGENDAR

## L1.- Barranc d'Algendar

| | |
|---|---|
| ⏱ | **Duración:** 3 h |
| ◗ | **Desnivel:** 150 m |
| Ⓓ | **Dificultad:** media |
| 🚲 | **Ciclabilidad:** media |

*El camino real de Ferreries a Ciutadella atraviesa uno de los paisajes más impresionantes de la isla: el Barranc d'Algendar. Al llevar agua todo el año, encontramos aquí un frondoso encinar y huertos de frutales. Mide unos 7 km de longitud hasta Cala Galdana y discurre entre paredes de 50 a 80 metros de altura, donde nidifican aves rapaces como el alimoche o el halcón peregrino.*

*Acceso al punto de partida: en la rotonda a la salida de Ferreries en direc-ción a Ciutadella, cogemos la Me-22 en dirección a Cala Galdana. A unos 100 m, hay una pista a la derecha con el indicador de "Camí Reial", que está señalizada como ruta cicloturística.*
*Podríamos comenzar el itinerario en el pueblo de Ferreries: vamos de su parte más alta hacia la carretera, dejamos a mano izquierda la Me-20 (a Es Migjorn Gran), seguimos de frente y giramos a la izquierda por la calle del Camp. Pocos minutos después, atravesamos la carretera de Cala Galdana en línea recta y nos encontramos en el punto de partida del itinerario. A Ferreries se puede llegar en transporte público.*

Cogemos la pista y, a los 10 min, nos desviamos a la derecha. El sendero es de gran belleza: alternan tramos de subida y de bajada, discurre entre paredes y es muy sombreado. Llegamos a una pista de hormigón (30 min), donde seguimos de frente (indicador en dirección a Ciutadella). Al final del descenso, unos 50 m más allá del km 13 de la ruta cicloturística, vamos a la izquierda por un sendero estrecho. Muy pronto nos costará creer que nos encontramos en una isla mediterránea: experimentamos la frondosidad de los barrancos de Menorca donde hay higueras, hiedra, encinas, acebuches (olivos silvestres) y laureles. Avanzamos por un camino de empedrado irregular, bajo paredes blancas, el conocido como el Pas d'en Revull, donde, según la leyenda, se escondió un árabe después de la Reconquista. Al cabo de unos 5 min, hay una bifurcación a la derecha, hacia una casa en ruinas y, pocos metros después, merece la pena desviarse a la izquierda para atravesar una grieta natural que desemboca en el camino que hay más adelante. Pasamos una barrera (5 min) y, en la pista, giramos hacia la izquierda hasta el Barranc d'Algendar (5 min). Tras pocos minutos, giramos hacia la derecha y cruzamos por un puente el curso permanente de agua. Subimos por el camino encajonado en la roca, dejando un rellano a la izquierda, donde una encina monumental crece al pie de las blancas peñas. Pocos metros después, podemos desviarnos a la derecha unos metros hacia unos miradores naturales sobre el barranco.

Cuando regresemos por el camino conocido, podemos hacer una pequeña variante, dejando la barrera del Pas d'en Revull a la derecha y siguiendo la pista. Pasaremos por Es Canaló (5 min), que funciona como albergue juvenil y, 10 min después, es mejor seguir de frente por el sendero de ida que coger la pista asfaltada de la izquierda, que también nos llevaría al punto de partida.

### L2.- Visita de la desembocadura

| | |
|---|---|
| 🕐 | **Duración:** 1h 15min *(ida y vuelta)* |
| ◗ | **Desnivel:** 30 m |
| Ⓓ | **Dificultad:** media-baja |
| ⚙ | **Ciclabilidad:** media-alta |

*Se puede ascender por el barranco hasta que las barreras de las propiedades privadas nos lo impidan. La preservación de este espacio natural está mejor garantizada de este modo. A lo largo del camino veremos vegetación de ribera, poco frecuente en Menorca y que aquí dispone de las condiciones adecuadas: el torrente no está nunca seco y se desborda después de lluvias abundantes.*

*Acceso al punto de partida: en la entrada de Cala Galdana, después del puente, giramos a la derecha y aparcamos. Se puede llegar en transporte público desde Ferreries.*
Vamos por el paseo peatonal que hay al lado del canal y seguimos por la calle hasta el final del asfaltado (a 500 m, aquí también podríamos aparcar). Pasamos la barrera metálica (1 min) por la derecha y, en la siguiente bifurcación, giramos a la derecha. La siguiente barrera la cruzamos por la izquierda. Dos minutos más tarde, dejamos una pista a la izquierda y continuamos de frente hasta el final (15 min).

# M. LA COVA DES COLOMS Y EL BARRANC DE BINIGAUS

### M1.- La Cova des Coloms y el Barranc de Binigaus desde Es Migjorn Gran
*Itinerario circular*

| | |
|---|---|
| 🕐 | **Duración:** 2 h |
| ⬤ | **Desnivel:** 120 m |
| **D** | **Dificultad:** media |
| 🚴 | **Ciclabilidad:** media-baja (en el sendero de vuelta) |

*Senderos agradables por bosque nos permitirán acceder a las playas de Binigaus y a la Cova des Coloms, también conocida por sus dimensiones extraordinarias como "La Catedral".*

*Acceso al punto de partida: al salir de Es Migjorn Gran en dirección a Sant Tomàs, encontramos el indicador "Hotel Rural, Cova des Coloms". Giramos a la derecha por la Avinguda David Russell hasta el final y, de aquí, hacia la izquierda, donde podemos aparcar. Se puede llegar en transporte público.*

Cogemos la calle en dirección al cementerio (1 min) pasando cerca del talayot de Binicodrell y, delante de Binigaus Vell (10 min, hotel Rural), nos desviamos a la izquierda. A unos 5 minutos, dejamos a mano izquierda la bifurcación de la Cova des Coloms (es nuestro camino de regreso. En caso de que queramos ir a la cueva directamente, cogemos el sendero de bajada y, al cabo de 7 min, en un cruce, vamos hacia la izquierda, de subida, unos 2 min, hasta la cueva).

Para continuar hacia las playas de Binigaus y hacer el itinerario circular que proponemos, seguimos de frente unos 7 min. Pocos metros antes de unas barreras cerradas, nos desviamos a la izquierda y pasamos por un pozo con abrevadero (10 min). Ahora, giramos hacia la derecha, primero, y, hacia la izquierda, después, hasta una bifurcación (5 min). Si queremos ir a las playas de Binigaus, giramos hacia la derecha y llegamos en un cuarto de hora.

Para regresar a Es Migjorn Gran, nos desviamos hacia la izquierda y, 10 min más tarde, ignoramos un cruce a la derecha (va a la Cova de na Polida, a 5 min). Después de un tramo en la sombra, por el lecho del barranco, encontramos una bifurcación en forma de T (5 min), donde giramos a la derecha, de subida, hasta la Cova des Coloms (2 min). Regresamos a la bifurcación y seguimos a la derecha hasta la pista (7 min), donde giramos hacia la derecha por el itinerario de ida en dirección al hotel (5 min) y al aparcamiento (10 min más).

# N. SANT TOMÀS – SON BOU

### N1.- Sant Tomàs – Son Bou – Sant Tomàs
*Itinerario circular*

| | |
|---|---|
|  | **Duración:** 3 h |
| | **Desnivel:** 60 m |
| **D** | **Dificultad:** media-baja |
| | **Ciclabilidad:** media |

*El itinerario combina un sendero costero que rodea la importante zona húmeda del Prat de Son Bou con otro que atraviesa la playa más larga de la isla. Se podría comenzar en el aparcamiento que hay a la derecha de la entrada en Son Bou, viniendo desde Alaior, desde donde podríamos seguir primero el tramo N1.1 y volver por el N1.2.*

*Acceso al punto de partida: en la rotonda de entrada a Sant Tomàs, giramos a la izquierda y aparcamos al final de la calle, al lado del hotel Victoria Playa. A Sant Tomàs se puede llegar en transporte público.*

### N1.1- Sant Tomàs – Son Bou
Vamos en dirección a la playa y seguimos hacia la izquierda la etapa 15 del Camí de Cavalls (explicada más adelante), para llegar a Son Bou.

### N1.2- Son Bou – Sant Tomàs
Desde el panel informativo del Camí de Cavalls, vamos unos 50 m por la carretera en dirección a Alaior y giramos a la derecha por una calle. En el próximo cruce, giramos hacia la izquierda en dirección a la basílica paleocristiana y a la playa, por donde vamos hacia la derecha hasta el final. Aquí encontramos el Camí de Cavalls, que lo seguimos en línea recta por pista, primero, y por sendero rocoso, después, hasta Sant Tomàs.

Prat de Son Bou

# P. SON BOU – CAP DE SES PENYES

### P1.- Son Bou – Cap de Ses Penyes

🕑 **Duración:** 45 min

⬤ **Desnivel:** 50 m

Ⓓ **Dificultad:** media-baja

🚲 **Ciclabilidad:** media-baja

*El objetivo de esta excursión es un buen mirador que nos permite observar el contraste entre el paisaje urbanizado en dirección al oeste, y las calas y los acantilados vírgenes al este. En el camino de vuelta, podríamos ir a la cala de Llucalari, siguiendo el Camí de Cavalls.*

*Acceso al punto de partida: en la entrada de Son Bou, a mano derecha, al lado del aparcamiento, encontramos el panel informativo de la etapa 16 del Camí de Cavalls. Se puede llegar en transporte público.*

Al inicio, seguimos el Camí de Cavalls: vamos unos 50 m por la carretera de acceso a Son Bou en dirección a Alaior y giramos a la derecha por una calle. Al cabo de unos 20 m, antes de una construcción blanca, nos desviamos a la izquierda y subimos hasta un collado (10 min). Pasada la barrera, abandonamos el Camí de Cavalls y nos dirigimos a la derecha hasta el final de un ancho camino (10 min). Los dos últimos minutos avanzamos por un sendero estrecho hasta la punta. Regresamos por el camino de ida.

# Q. BARRANCO DE CALA EN PORTER – TORRE D'EN GALMÉS

### Q1.- Barranco de Cala en Porter – Torre d'en Galmés

🕑 **Duración:** 3 h

⬤ **Desnivel:** 120 m

Ⓓ **Dificultad:** media-baja

🚲 **Ciclabilidad:** media-alta

*Es una manera original de llegar al poblado talayótico más extenso de la isla, que ocupa 60.000 m², a través de un barranco de gran belleza.*

*Acceso al punto de partida: desde la calle principal de Cala en Porter, vamos hacia la derecha en dirección a la playa, hasta el hotel Aquarium. A la derecha, hay un aparcamiento y el panel informativo.*

Cogemos la pista que va por el fondo del barranco y bordea los huertos de frutales, siguiendo las estacas del Camí de Cavalls. Atravesamos, de frente, la pista de acceso a una casa y cogemos un tramo de nueva construcción que sube en lazadas hasta el pie de las peñas. Volvemos a bajar al barranco y vamos a parar a una pista asfaltada que seguimos en línea recta. Cruzamos un puente y subimos hasta el llano. Dejamos una bifurcación a mano izquierda y, después de una barrera, giramos a mano derecha por una pista, abandonamos tras 300 m, el Camí de Cavalls (que se va hacia la izquierda) y continuamos, de frente, hasta el poblado talayótico de la Torre d'en Galmés (1 km).

## R. BINIPARRATX – BINIDALÍ

### R1.- Biniparratx – Binidalí

| | |
|---|---|
|  | **Duración:** 2 h |
| | **Desnivel:** 50 m |
|  | **Dificultad:** media-baja |
|  | **Ciclabilidad:** media-alta |

*Esta excursión corta atraviesa un barranco y pasa por senderos antiguos. Desde Binidalí de sa Cala, se puede alargar hasta la cala de Biniparratx o regresar directamente por el Camí de Cavalls.*

*Acceso al punto de partida: desde Sant Climent, cogemos la carretera de Binissafúller/Binibèquer. Después del cruce de Binidalí, pasamos por encima del barranco y, pocos metros después, encontramos la bifurcación hacia el campamento de Biniparratx, donde giramos a la izquierda. A unos 300 m, el Camí de Cavalls cruza nuestra pista. Aparcamos aquí.*

Seguimos por la pista asfaltada hasta el final (1 km). Su continuación, al lado del campamento, es un sendero empedrado que nos conduce a una pista asfaltada cerca del aeropuerto (15 min, Camí de sa Volta des Milord), donde luego vamos hacia la izquierda. A unos 1.700 metros, a mano izquierda, cogemos el Camí Vell de Binidalí. La pista no asfaltada se estrecha (10 min) y da paso a un sendero. Unos 5 minutos más tarde, encontramos una pista y giramos a la izquierda por el Camí de Cavalls, que seguimos por sendero y pista hasta una casa blanca (Binidalí de sa Cala). Aquí, cogemos la pista de la derecha y, a 150 m, se separan los caminos:

- Si queremos ir directamente al coche, nos desviamos hacia la izquierda por el Camí de Cavalls, cruzando el barranco de Biniparratx (10 min) y ascendiendo hasta la pista del campamento (10 min).
- Si queremos ir a la cala, continuamos de frente por la pista que nos conduce, en 10 min, a la carretera. La cruzamos en línea recta hacia

un sendero, paralelo a la carretera, que seguimos hacia la izquierda. En un cruce con una cadena (5 min), vamos hacia la derecha y bajamos hasta la cala (5 min). De regreso, podemos ir de frente hasta el aparcamiento de la cala (5 min), donde cogemos la carretera hacia la derecha y, al cabo de unos 250 m, la del campamento hacia la izquierda, hasta el punto de partida (7 min).

# S. PUNTA PRIMA – CALA DE RAFALET – CALA DE SANT ESTEVE

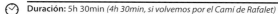

### S1.- Punta Prima – Cala de Rafalet – Cala de Sant Esteve
***Regreso a Punta Prima por caminos interiores***
**Itinerario circular**

| | |
|---|---|
| 🕐 | **Duración:** 5h 30min *(4h 30min, si volvemos por el Camí de Rafalet)* |
| 🕐 | **Desnivel:** 200 m |
| Ⓓ | **Dificultad:** media |
| 🚲 | **Ciclabilidad:** media-alta (baja, entre Punta Prima y cala de Alcalfar) |

*Se trata de una excursión muy variada, que combina senderos costeros con otros de interiores y pasa cerca de una torre de defensa y de numerosos "llocs". Merece la pena desviarse hacia la Cala de Rafalet, a través de un encinar frondoso. Podemos acortar el itinerario regresando por el Camí de Rafalet y por otros caminos interiores.*

*Acceso al punto de partida: en la rotonda de entrada a Punta Prima, vamos de frente hasta el Passeig de s'Arenal (al lado de la playa), donde giramos a la izquierda hasta el final. Aquí encontramos una barrera y el panel informativo. Se puede llegar en transporte público.*
Seguimos la etapa 19 del Camí de Cavalls, explicada más adelante, y, para acortar la excursión, podemos volver por el Camí de Rafalet. En este caso, después de dejar a mano derecha el sendero de acceso a la caleta, continuaremos por el Camí de Cavalls, atravesaremos una pista en línea recta (5 min) y, poco después, llegaremos a un cruce, donde tendremos a la derecha la pista a Son Vidal y, de frente, el Camí de Cavalls. En este punto, giraremos a la izquierda por el Camí de Rafalet, asfaltado, y lo seguiremos poco más de un kilómetro, hasta encontrar, a mano izquierda, la ruta cicloturística en dirección a Sant Lluís, que seguiremos por unos momentos. Cogemos el Camí de sa Torre hasta el final, donde giramos a la izquierda. A partir de aquí, seguiremos el itinerario A5 de esta guía para volver a Punta Prima. Desde la Cala de Sant Esteve, debemos regresar hasta la última bifurcación, al lado de Villa Eugenia. Desde aquí, giramos a la derecha y seguimos las explicaciones del itinerario A5.

# EL SENDERO DE PEQUEÑO RECORRIDO ME-1 (PR-IB-ME-1)

## Desde Dalt de Sant Joan (Maó) a Alcaidús

| | |
|---|---|
| 🕐 | **Duración:** 2 h *(sólo de ida)* |
| ◑ | **Desnivel:** 100 m |
| Ⓓ | **Dificultad:** media-baja |
| 🚴 | **Ciclabilidad:** media-alta (baja, en el Camí de sa Font d'en Simó) |

*Este sendero señalizado une Maó con Sant Joan des Vergers, pasa por el bonito Camí de sa Font d'en Simó y por el poblado talayótico de Talatí de Dalt. Una buena parte del itinerario discurre por pistas asfaltadas con poco tráfico.*

*Acceso al punto de partida: en la entrada a Maó por la Me-1, en el primer semáforo, giramos a la izquierda, en dirección al centro de salud por la calle Fornells. La segunda calle a la derecha es el Camí de Dalt de Sant Joan. El PR comienza por la pista de la izquierda.*

La pista se estrecha y pasamos por un tramo empedrado en muy buen estado de conservación. Al cabo de 5 min, atravesamos la carretera de ronda y seguimos de frente hasta la ermita de Sant Joan des Vergers (5 min). Vamos hacia la derecha y, a los pocos metros, hacia la izquierda, por la pista asfaltada. Cerca de la carretera de Fornells (5 min), nos desviamos hacia la izquierda hasta el final del tramo asfaltado (10 min) y, poco después, la pista desemboca en el Camí de sa Font d'en Simó. Dos minutos más tarde, ignoramos una pista a la derecha y nuestro camino se desvía hacia la izquierda, y se transforma en un bellísimo sendero empedrado entre árboles.

Cruzamos con atención la carretera Me-1 en línea recta (10 min) y cogemos el Camí Vell d'Alaior, que, al cabo de unos 500 m, se bifurca. Vamos hacia la derecha y, a partir de aquí, seguimos la ruta cicloturística en dirección a Alaior. Después de un tramo sin asfaltar, llegamos a una pista asfaltada, donde giramos a la izquierda (20 min). Pasamos por el interesante poblado talayótico de Talatí de Dalt y continuamos hasta la próxima bifurcación (30 min), donde nos desviamos a mano derecha. Alcaidús es la casa de payés que tenemos en el siguiente cruce, cerca de la carretera Me-1 (20 min). Una posible continuación del itinerario hacia Alaior está explicada en la ruta B4, para hacer en bicicleta. Otra posibilidad consiste en volver hasta la última bifurcación (en Algendar) e ir de frente hasta Sant Climent. A la salida del pueblo, en dirección a Binidalí, encontramos, a mano izquierda, el PR-Me-2, que nos conduce de regreso a Maó.

# EL SENDERO DE PEQUEÑO RECORRIDO ME-2 (PR-IB-ME-2)

## Desde Trepucó a Calescoves

| | |
|---|---|
| 🕐 | **Duración:** 3 h *(sólo de ida)* - 3h 45min, si bajamos a Calescoves |
| ◐ | **Desnivel:** 100 m |
| Ⓓ | **Dificultad:** media-baja |
| 🚴 | **Ciclabilidad:** media-alta |

*Los lugares más interesantes que encontraremos por el camino son: el po-blado talayótico de Trepucó, los senderos de Darrere Malbúger Vell y el de En Claudis, y los acantilados de Calescoves, con sus cuevas de enterramiento.*

*Acceso al punto de partida: Desde la ronda de Maó, giramos en una rotonda, en dirección a Trepucó/cementerio. Al cabo de unos 100 m, pasa-mos por la ermita de Gràcia (cementerio) y, 700 m después, nos desviamos a la izquierda. A unos 100 m, encontramos el primer indicador del PR. Para aparcar, debemos hacerlo en las ruinas de Trepucó o cerca del cementerio.* Cogemos hacia la derecha y, tras unos 100 m, pasamos por el interesante poblado talayótico de Trepucó. En la siguiente bifurcación (400 m), vamos hacia la derecha y, en la próxima (700 m), nuevamente a la derecha. Vamos unos metros por la carretera de Sant Lluís a Maó y nos desviamos a la izquierda hacia el restaurante El Picadero. Pocos minutos después, giramos a la derecha por el Camí de Darrere de Malbúger Vell, que se estrecha y deja a mano derecha el Camí Negre. Cruzamos una carretera en línea recta (10 min) y cogemos el Camí d'en Claudis, donde el sendero vuelve a discurrir entre dos paredes de piedra en seco. Un cuarto de hora más tarde, atravesamos una carretera de frente y cogemos el Camí des Corbs. A partir de aquí, también seguimos la ruta cicloturística. Cruzamos la Me-12 y, poco después, la Me-14 para llegar a un tramo sin asfaltar. En el próximo cruce, dejamos a mano derecha la ruta cicloturística en di-rección a Alaior y vamos unos metros hacia la izquierda. Poco antes de la carretera, giramos a la derecha por una pista que desemboca al cabo de 1 km en la carretera y que seguimos durante unos metros. Cogemos un camino a la izquierda que nos conduce a la carretera de Binidalí, la toma-mos unos metros hacia la izquierda y nos desviamos a mano derecha. Al final de Sant Climent, empieza el Camí de sa Forana, que nos conduce a la urbanización de Binixiquer (2 km), donde continuamos de frente. Poco después del talayot de Binicalaf, vamos por un tramo sin asfaltar, llegamos a otra urbanización y, cerca de la carretera Me-12, giramos en diagonal hacia la izquierda por una pista sin asfaltar (indicador *"Coves"*). Según los paneles informativos, el PR termina aquí. Vale la pena ir a la pintoresca cala situada sólo a 3 km de distancia. Para regresar a Maó podríamos seguir el camino de ida y, entre el talayot de Binicalaf y la urbanización de Binixiquer, girar a la izquierda por el Camí de Cotaina, que cruza la Me-12 en línea recta. Al final, vamos a la derecha hasta el Camí d'Algendar, don-de, de frente, podemos coger el PR-Me-1.

# Bicicleta de Montaña

Cerca de la playa de Son Xoriguer (etapa 12)

*En los últimos años, las posibilidades para practicar el cicloturismo en Menorca se han incrementado notablemente. A este hecho ha contribuido la compra de terrenos en zonas costeras, la expropiación de los accesos a algunas calas vírgenes, la señalización de itinerarios en los alrededores de Sant Lluís, Maó y Es Castell, y la apertura del Camí de Cavalls. El marcaje de los caminos puede ser con paneles informativos, letreros direccionales, estacas cuadradas y señales de pintura.*

*En los itinerarios del apartado de "Senderismo" indicamos el grado de ciclabilidad, ya que la mayor parte de ellos se pueden recorrer en bicicleta de montaña. Los que presentan más complicación son los senderos litorales, que atraviesan zonas rocosas. También hay más rutas en el apartado de las calas.*

**Recomendaciones:**
- Utilizar una bicicleta de doble suspensión con neumáticos que se adhieran bien a la roca.
- En caso de ruedas *tubeless*, se debería emplear líquido antipinchazos.
- Ir siempre con casco.
- Llevar bebida abundante, barritas energéticas, herramientas, mancha y cámaras de recambio.

# B. BICICLETA DE MONTAÑA

## B1.- Paseo por Maó

 **Distancia:** 6 km

 **Desnivel:** 100 m

 **Ciclabilidad:** alta

*Los lugares más interesantes de Maó son el centro histórico y el puerto, que se pueden visitar en bicicleta. También proponemos salir unos minutos de la ciudad para descubrir el tranquilo rincón de Sant Joan des Vergers. En caso de que, en algún tramo, se tenga que circular en contradirección, se debería bajar de la bicicleta e ir a pie.*

Comenzamos en la plaza Abu Umar, que está en la última rotonda de la ronda de Maó, cuando salimos en dirección a Es Castell. Seguimos la avenida Fort de l'Eau de frente hasta la primera rotonda y, en la siguiente bifurcación, vamos hacia la derecha. Nos encontramos en el paseo marítimo de Maó, que, curiosamente, no está al lado del mar, sino encima de los acantilados del puerto. En la plaza de la Miranda, nos desviamos hacia el centro y llegamos a la plaza de Espanya, donde destaca la iglesia del Carme. Desde aquí, merece la pena explorar las calles comerciales (Sant Crist, Hannover, Església…) y el parque de Es Freginal, un jardín en pleno centro.

Desde la plaza de Espanya, nos dirigimos a la plaza de la Conquesta y a la de la Constitució (Ayuntamiento, iglesia de Santa Maria…), donde cogemos la calle de Isabel II. Rodeando por la izquierda la iglesia de Sant Francesc (Museo de Menorca), llegamos a la costa de Ses Piques, donde bajamos hacia el muelle. Vamos hacia la izquierda y, en la rotonda, cogemos la tercera salida (Camí de Baix de Sant Joan) hasta la ermita. A la izquierda, sale el Camí de Dalt, que cruza la ronda y desemboca en la calle Fornells, donde nos dirigimos hacia la izquierda.

Puerto de Maó

Cuando la calle gira a la derecha, y pasado el número 18, bajamos por las escaleras y pasamos por un paseo peatonal con buena vista panorámica. En la costa de Ses Piques, seguimos hacia la izquierda hasta el muelle. Ahora, nos desviamos a la derecha y continuamos hasta el final (el Fonduco). Volvemos hacia atrás y subimos por la costa de cala Figuera o la de Corea, en dirección al punto de partida.

### B2.- Gràcia – Trepucó – Torelló – Sant Joan des Vergers – Gràcia

 **Distancia:** 12 km

**Desnivel:** 100 m

**Ciclabilidad:** media-alta

*Comenzando en la bonita ermita de Gràcia, podemos visitar los lugares más interesantes de los alrededores de Maó: las ruinas talayóticas de Trepucó y Torelló, la ermita de Sant Joan des Vergers; y desviarnos a Llucmaçanes, pasando por senderos, pistas y calles.*

Desde la ronda de Maó, giramos en una rotonda en dirección a cementerio/Trepucó y, a unos 100 m, llegamos a la ermita de Gràcia (cementerio). Unos 700 m después, vamos a la izquierda y, a unos 100 m, hacia la derecha. Poco después, pasamos por el interesante poblado talayótico de Trepucó. En la próxima bifurcación (400 m), giramos a la derecha y, en la siguiente (700 m), nuevamente a la derecha. Vamos unos metros por la carretera de Sant Lluís a Maó y nos desviamos a la izquierda hacia el restaurante El Picadero. A los pocos metros, giramos a la derecha por el Camí de Darrere de Malbúger Vell, que se estrecha y deja a mano derecha el Camí Negre. Cruzamos una carretera en línea recta y cogemos el Camí d'en Claudis, donde el sendero vuelve a discurrir entre dos paredes de piedra en seco. A 1 km, atravesamos una carretera de frente (merece la pena desviarse a la izquierda, en la aldea de Llucmaçanes) y cogemos el Camí des Corbs. Cruzamos la Me-12 en línea recta y, poco después, la Me-14. Un camino sin asfaltar nos conduce a una vía asfaltada ancha, donde vamos unos metros a la derecha, para girar a la izquierda por el Camí de Torelló. Pasamos al lado del talayot de Torellonet Vell y cerca de la basílica paleocristiana del Fornàs de Torelló, y llegamos a un cruce, donde nos desviamos a la derecha. Atravesamos con atención la carretera Me-1 y cogemos una pista que se convierte en un sendero de gran belleza. Al final, vamos hacia la derecha, ignoramos todas las bifurcaciones y, cerca de la carretera Me-7, giramos a la derecha hasta la ermita de Sant Joan des Vergers. Delante de la capilla, cogemos el Camí de Dalt de Sant Joan, cruzamos la ronda y, ya dentro de Maó, vamos de frente por las calles Santa Victòria y Sa Rovellada de Dalt. Cuando llegamos a la calle de Ses Moreres, la cogemos a mano izquierda, para girar a la derecha por la calle Cós de Gràcia, que nos conduce de retorno al punto de partida.

Ermita de Gràcia

## B3.- Gràcia – Trepucó – Llucmaçanes – Poblado talayótico de Binissafúller – Torret – Trebalúger – Gràcia

 **Distancia:** 16 km

**Desnivel:** 100 m

**Ciclabilidad:** media-alta

*La ruta nos permite descubrir la zona comprendida entre Maó y Sant Lluís, donde destacan la aldea de Llucmaçanes y las ruinas de Trepucó, Binissafúller y Trebalúger.*

Desde la ronda de Maó, giramos en una rotonda en dirección al cementerio/Trepucó y, a unos 100 m, llegamos a la ermita de Gràcia (cementerio). Unos 700 m después, vamos a la izquierda y, a unos 100 m, hacia la derecha. Poco después, pasamos por el interesante poblado talayótico de Trepucó. En la próxima bifurcación (400 m), giramos a la derecha y, en la siguiente (700 m), nuevamente a la derecha. Vamos unos metros por la carretera de Sant Lluís a Maó y nos desviamos a la izquierda hacia el restaurante El Picadero. En la próxima bifurcación, seguimos de frente por la pista que nos lleva a Llucmaçanes, donde vamos de frente en dirección a la iglesia. Por el lado derecho, cogemos el Camí de Biniati, que se estrecha y se convierte en un sendero de gran belleza. Cuando llegamos a la pista asfaltada, vamos en línea recta y, cuando esta pista gira a la izquierda, seguimos de frente por un sendero estrecho (a la izquierda del indicador de *"Son Marroxet"*). Al final, nos desviamos hacia la izquierda por una pista que nos conduce a la carretera, donde seguimos hacia la izquierda. En el poblado talayótico de Binissafúller, vamos hacia la izquierda (en dirección a Sant Lluís) y, a unos 1.200 m, a la derecha, hacia Torret. Llegamos a la carretera de Sant Lluís a Punta Prima, que cruzamos de frente y vamos por el Camí des Consell. Cuando este camino gira hacia la izquierda en dirección al pueblo, nos desviamos a la derecha por el Camí de sa Sínia, hasta el final, donde giramos a la izquierda hacia el Camí de ses Cases Velles.

Encontramos la ruta cicloturística, que seguimos hacia la derecha en dirección a Es Castell. Al cabo de unos 400 m, vamos a la izquierda por el Camí de Trebalúger, donde ignoramos todas las bifurcaciones hasta el Camí de sa Torre, que sale a nuestra derecha. Desde aquí, merece la pena ir 50 m a la izquierda y, en el próximo cruce, 150 m a la izquierda, para visitar el talayot de Trebalúger. Cogemos el Camí de sa Torre hasta el final, donde giramos a la izquierda por el Camí de Rafalet (abandonando la ruta cicloturística), que nos conduce a la carretera, que atravesamos en línea recta. El camino se estrecha durante unos 500 m y, cuando llegamos a la pista asfaltada, nos desviamos hacia la derecha. En una encrucijada de cuatro carreteras, vamos en diagonal hacia la izquierda y, en el siguiente cruce, a la derecha (en contradirección, hemos de bajar de la bicicleta) hacia Gràcia. También podemos ir al pabellón del Menorca y a Maó, si giramos a la izquierda por el carril bici.

### B4.- Ruta de los poblados talayóticos:
### Gràcia – Trepucó – Torellonet – Talatí de Dalt – Torralba d'en Salord – Alaior – Maó

| | |
|---|---|
|  **Distancia:** 30 km |
|  **Desnivel:** 300 m |
|  **Ciclabilidad:** media-alta |

*Por caminos y pistas, se pasa cerca de algunas de las ruinas arqueológicas más interesantes de Menorca, disfrutando de bonitos paisajes.*

*Acceso al punto de partida: desde la ronda de Maó, giramos en una rotonda en dirección a cementerio/Trepucó y, a unos 100 m, llegamos a la ermita de Gràcia (cementerio). Unos 700 m después, giramos a la izquierda y, a unos 100 m, hacia la derecha.*

Desde aquí, seguimos la ruta B2, explicada unas líneas más arriba y que coincide con el PR-Me-2 hasta el Camí de Torelló. En el cruce, situado 800 m más allá del aparcamiento de la basílica paleocristiana, giramos a la izquierda por la ruta cicloturística en dirección a Alaior (también señalizada como PR-Me-1). Después de un tramo sin asfaltar, llegamos

Poblado talayótico de Talatí de Dalt

a una pista asfaltada, donde giramos a la izquierda. Pasamos por el interesante poblado talayótico de Talatí de Dalt y continuamos hasta la siguiente bifurcación, donde nos desviamos a mano derecha. Cerca de la carretera Me-1, vamos hacia la izquierda para coger, al cabo de pocos minutos, hacia la derecha, un camino sin asfaltar. Cuando llegamos a la carretera de Cala en Porter en Alaior, vamos hacia la derecha (a mano izquierda tenemos Torralba d'en Salord). Tenemos que ir al cementerio de Alaior, donde cogemos, a la derecha, el Camí d'en Kane, que nos conduce de regreso a Maó.

### B5.- Camí d'Addaia – S'Hort des Lleó

| | |
|---|---|
| 🚗 | **Distancia:** 6 km |
| 🏔 | **Desnivel:** 50 m |
| 🚲 | **Ciclabilidad:** media-alta |

*Cerca de peñas de colores y formas interesantes, y a través de unes salinas abandonadas, se llega al Port d'Addaia. Se encuentra tan adentrado en tierra, que es difícil darse cuenta de que nos hallamos junto al mar.*

*Acceso al punto de partida: vamos desde la Me-7 por la carretera del faro de Favàritx (Cf-1) unos 2.300 m. A mano derecha, tenemos la entrada al "lloc" de Morella Vella y, a la izquierda, el Camí d'Addaia.*
Lo cogemos hasta el final, donde seguimos el Camí de Cavalls, cruzando una barrera a la izquierda. Después, pasamos por las Salines de Mongofra y llegamos a la orilla del Port d'Addaia, nombre que se da a este "fiordo". Podemos continuar hasta S'Hort des Lleó, pero llegar a la urbanización de Addaia significa pasar muchas barreras más.

*Combinación con otras rutas: podríamos comenzar en Es Grau, siguiendo la etapa 2 del Camí de Cavalls hasta la carretera del faro de Favàritx. También se podría alargar hasta la urbanización de Addaia, Alaior y regresar a Maó por el Camí d'en Kane.*

### B6.- Ciutadella

| | |
|---|---|
| 🚗 | **Distancia:** 20 km |
| 🏔 | **Desnivel:** 100 m |
| 🚲 | **Ciclabilidad:** alta |

*Visitamos los lugares más interesantes en los alrededores de Ciutadella: Punta Nati, Cala en Blanes, el puerto y el centro histórico. En el caso de que, en algún tramo, se tenga que circular en contradirección, deberíamos bajar de la bicicleta.*

Desde el aparcamiento, al lado del antiguo cementerio, vamos en dirección al centro por las calles Sant Antoni Ma Claret y Camí de Maó. En la avenida de la Constitució (contramuro), giramos a la derecha y pasamos por las calles Francesc de Borja Moll y Camí de Son Salomó, hasta la ronda, donde seguimos de frente por la carretera de Punta Nati. Es un recorrido interesante por un paisaje rural donde destacan las barracas de piedra para el ganado. Regresamos a la ronda y vamos hacia la derecha en dirección a Cala en Blanes. En la rotonda de entrada a este núcleo turístico, giramos a la izquierda por una calle que nos conduce al Camí de sa Farola, que sigue la costa y el Port de Ciutadella. Pasado el aparcamiento de la estación portuaria, nos desviamos hacia la derecha para bajar al muelle (a la izquierda, vemos el Pla de Sant Joan, donde se celebran algunos de los actos más destacados de las fiestas). Subimos por la Costa des Moll a la Plaça des Born, donde vamos hacia la derecha, hasta el castillo de Sant Nicolau y giramos a la izquierda por el paseo marítimo. En la rotonda, nos desviamos hacia la izquierda por el carril bici de la calle Mallorca, que nos conduce a la Plaça des Pins. Aquí empieza el paseo por el centro histórico. Vamos hacia la derecha, a la Plaça des Born, donde vemos el Ayuntamiento a un lado y tres palacios señoriales al otro. Entre el palacio Salord y el Torresaura comienza la calle Major des Born que, con diferentes nombres, atraviesa la ciudad antigua. Encontramos la catedral y, en las calles laterales, otras iglesias (Sant Crist, Sant Josep, Roser…), palacios, el mercado y el Museo Diocesano. Al final, comienza el Camí de Maó, que nos conduce de regreso al antiguo cementerio.

### B7.- Ciutadella – Cala En Turqueta – Cala Galdana – Barranc d'Algendar – Ciutadella

 **Distancia:** 40 km

**Desnivel:** 300 m

 **Ciclabilidad:** media-alta (baja, en la travesía del barranco y en algún tramo del Camí de Cavalls)

*La ruta combina dos de los paisajes más impresionantes de la isla: las calas de la costa sur y el Barranc d'Algendar. Por el camino de regreso, podemos visitar las ruinas talayóticas de Torretrencada, las de Montefí y las pedreras de S'Hostal.*

Desde el aparcamiento, al lado del antiguo cementerio, cogemos la calle de Alfons V hasta la rotonda del Camí de Sant Joan de Missa, que nos conduce a la ronda y hacia esta ermita. Desde aquí, vamos de frente por pistas asfaltadas hasta el aparcamiento de cala En Turqueta y bajamos por la pista. Detrás de la playa, giramos a la izquierda, siguiendo la etapa 13 del Camí de Cavalls (descrita en el apartado siguiente) hasta Cala Galdana. Merece la pena desviarse para visitar cala Macarelleta.

Barranco de Algendar, cerca de Cala Galdana

En Cala Galdana, cogemos la carretera Me-22 en dirección a Ferreries y, a unos 6 km, unos metros antes de la rotonda de la Me-1, giramos a la izquierda, siguiendo el camino real y la ruta cicloturística que va a Ciutadella. Bajamos por bonitos senderos hacia el Barranc d'Algendar, por donde corre agua todo el año. El camino estrecho desemboca en una pista que discurre cerca del poblado talayótico de Torretrencada y junto a las pedreras de S'Hostal. Poco después, pasamos por debajo de la ronda (indicador de *"Calle sin salida"*) y vemos, a la derecha, los talayots de Montefí, en la entrada de Ciutadella. Si continuamos de frente, llegamos al antiguo cementerio.

### B8.- Es Migjorn Gran – Binigaus – Cala Galdana

 **Distancia:** 14 km

 **Desnivel:** 340 m de subida y 420 m de bajada

 **Ciclabilidad:** media

*La ruta discurre por el bosque, bajando, primero, hasta las playas de Binigaus y atravesando, después, diversos barrancos para llegar a Cala Galdana por el Camí de Cavalls.*

Seguimos el itinerario M (del apartado de *"Senderismo"*) en dirección a las playas de Binigaus hasta la bifurcación, donde giramos hacia la derecha. Vamos unos 800 metros por el sendero, pasamos por un descampado entre dos portillas y nos desviamos hacia la derecha por el Camí de Cavalls. A través del encinar, primero, y del pinar, después, atravesamos la pista de cala Escorxada, el barranco de Sa Torre y la pista de cala Fustam. A partir de aquí, un camino de carro desciende en lazadas al barranco de Sa Cova. Cruzamos el curso de agua por un puente y, poco después, el barranco de Trebalúger. Después de varias barreras, atravesamos la pista del Hort de Trebalúger en línea recta y subimos hasta las zonas de cultivo, para bajar al aparcamiento de cala Mitjana. Desde aquí, bordeamos la cala por la derecha y ascendemos hacia la urbanización de Cala Galdana.

*Combinación con otras rutas:* se podría ir a cala Macarella y, desde aquí, a Ciutadella. El regreso a Ferreries se podría hacer por la ruta cicloturística señalizada.

### B9.- Son Mercer de Baix – Cueva de Es Moro

| | |
|---|---|
| 🚲 | **Distancia:** 8 km (ida y vuelta) |
| ◖ | **Desnivel:** 120 m |
| 🚴 | **Ciclabilidad:** media-alta |

*Pasamos por "llocs" en activo, para visitar un poblado pretalayótico, situado en un mirador natural de gran belleza.*

*Acceso al punto de partida: en Ferreries, cogemos la carretera Me-18 en dirección a Es Migjorn Gran. Pasado el puente sobre el torrente, entre los km 1 y 2, encontramos una pista sin asfaltar con el indicador "Son Mercer de Baix, Cova des Moro".*
Subimos por la pista y, en la parte alta, pasamos por Son Mercer de Dalt. Poco después de Son Mercer de Baix, giramos a mano derecha hasta el aparcamiento. El poblado consiste en unas estructuras naviformes, una de las cuales (Sa Cova des Moro) conserva tres columnas que aguantan la cubierta. Merece la pena subir hasta el punto más alto, situado detrás de las ruinas, para disfrutar de las vistas sobre el barranco de Sa Cova.

*Combinación con otras rutas: a pesar de encontrarnos cerca de la costa, debemos regresar obligatoriamente por el camino de ida. Después, podríamos ir a Es Migjorn Gran y enlazar con la ruta B8.*

Barranco de Sa Cova

Cerca de Punta Nati (etapa 9)

# LAS MEJORES ETAPAS DEL CAMÍ DE CAVALLS EN BICICLETA

Las etapas más interesantes y ciclables de las que se describen en el apartado siguiente son:

**Etapa 2:** Es Grau – Favàritx
Tramo de la etapa 5 entre arenal de Son Saura y la carretera Me-7
Tramo de la etapa 6 entre la Platja de Binimel·là y cala Barril

**Variante de la etapa 7:** aparcamiento de la cala del Pilar – Algaiarens, descrita en el itinerario F de senderismo

**Etapas 12-13:** Cap d'Artrutx – Cala Galdana

**Etapa 14:** Cala Galdana – Sant Tomàs

**Etapa 15:** Sant Tomàs – Son Bou

**Tramo de la etapa 16** por el barranco de Cala en Porter, descrita en el itinerario Q de senderismo

**Tramo de la etapa 19** entre cala de Alcalfar y la Cala de Sant Esteve

# Camí de Cavalls – GR 223

*"El Camí de Cavalls no es solamente un camino hecho de la suma de veredas o senderos, que da la vuelta a la isla, sino un patrimonio colectivo que forma parte de nuestra identidad". Esta frase de J. Gomila ilustra el sentimiento de los menorquines hacia el Camí de Cavalls, un itinerario que nos permitirá disfrutar de la variedad paisajística y de los elementos etnológicos de la isla, y observar el contraste entre las zonas urbanizadas y las vírgenes.*

*Además de la posibilidad de recorrerlo en su totalidad, el Camí de Cavalls ha abierto nuevas posibilidades para hacer itinerarios más cortos y excursiones circulares. En los apartados anteriores de "Senderismo" y "Bicicleta de montaña", se identifican sus tramos más interesantes.*

## • Historia

Los orígenes de este antiguo sendero costero son poco conocidos. Se sabe que, en el siglo XIV, ya existían algunos tramos que facilitaban la defensa de la isla y que, más adelante, la construcción de torres de vigilancia costera contra las incursiones de los piratas hizo más necesaria la existencia de un camino perimetral que diese la vuelta a la isla. En el siglo XVIII, la administración inglesa lo consideró como camino real y, paralelamente, ya se utilizaba como vía de comunicación de uso público.

## • Época reivindicativa

El coraje del pueblo menorquín canalizado a través de la Coordinadora per a la defensa del Camí de Cavalls ha conseguido la reapertura de este importante patrimonio etnológico, histórico y paisajístico. No ha sido fácil: desde 1996, las excursiones reivindicativas y la presión popular obligaron a los poderes políticos a promulgar, en el año 2000, la Ley del Camí de Cavalls. Posteriormente, el Plan Especial estableció su recorrido y ha posibilitado los convenios y las expropiaciones, ya que atraviesa 120 fincas privadas. Desde el año 2010, después de su acondicionamiento y marcaje, ya se puede disfrutar a pie, en bicicleta o a caballo.

- **Datos técnicos**
  El Camí de Cavalls tiene una longitud de 185 km y se ha dividido en 20 etapas. Aunque su altura máxima sea sólo de 125 metros, el desnivel acumulado llega a los 4.000. Al tratarse de un recorrido circular, se puede comenzar en cualquier punto, pero el km 0 está situado en Sa Culàrsega del puerto de Maó, desde donde arranca la etapa 1. Se ha homologado como GR-223 y está señalizado con estacas cuadradas cada 50-100 metros y paneles informativos en el inicio de las etapas. Las más de 100 barreras que se han de cruzar son un reflejo de que actividades tradicionales como la ganadería siguen en activo en los alrededores del camino.

- **Alojamiento**
  No existen refugios ni zonas de acampada autorizadas ni tampoco cuenta con puntos de agua al lado del camino. Los núcleos de población están alejados entre si y es casi imposible llegar a pie en un día. Esto significa que la logística para recorrerlo a pie es bastante compleja y resulta más atractivo hacerlo en bicicleta de montaña en 4 o 6 días. En los municipios de Ciutadella y Sant Lluis encontramos algunos albergues juveniles, zonas de acampada y casas de colonias que conviene reservar con antelación. La acampada libre no está permitida y se debe pernoctar en los núcleos de población que encontramos por el camino y que, sólo en Fornells, Ciutadella y Maó están abiertos todo el año. De mayo a octubre también encontraremos alojamientos en el Arenal d'en Castell, Cala Morell, sur de Ciutadella, Cala Galdana y, a partir de Sant Tomàs, en muchos complejos turísticos de la costa. Si disponemos de una BTT o de un coche, es posible pernoctar en pueblos alejados del Camí de Cavalls, como Ferreries y Es Mercadal, con alojamientos abiertos todo el año. *Para más información:*
  *www.injovemenorca.com* i *www.cime.es/novacime/injove.htm*

- **El Camí de Cavalls a pie**
  Las 20 etapas se podrían hacer a pie cómodamente en 15 días o en 10 días largos. Debido al tema del alojamiento, se debería organizar el itinerario como excursiones de un día, regresando cada noche al mismo lugar de pernoctación. También se podrían escoger dos aloja-mientos en diferentes puntos de la isla, según las etapas que queramos recorrer. Para ello, deberíamos contar con dos vehículos (dos coches o

un coche y una bicicleta) y estacionar uno de ellos al final de la etapa prevista. Si disponemos de un único vehículo, deberíamos llamar a un taxi para regresar al punto de partida. Sólo de mayo a octubre (o de junio a septiembre) podríamos utilizar los transportes públicos para acceder, desde Maó o Ciutadella, al inicio de algunas etapas. En cada etapa se detalla el acceso al punto de partida en vehículo por si se quieren hacer por separado. Si sólo queréis disfrutar de las etapas más interesantes (2, 5, 6, 7, 8, 12, 13, 14, 15 y 19) como excursiones de un día, podéis consultarlas en el apartado de *"Camí de Cavalls"* y también en el de *"Senderismo"*, ya que algunas están explicadas en sentido contrario o como excursión circular. Como el camino también se ha diseñado para bicicletas y caballos, los tramos por zonas urbanas evitan las calles en contradirección, dando algún rodeo. En nuestras descripciones para senderistas, indicamos los atajos, para ahorrarnos estos trayectos más largos.

El tiempo de marcha y la dificultad que reseñamos a continuación son los que están escritos en los paneles informativos y corresponden a los de una persona que camina a un ritmo lento y haciendo paradas cortas. En la descripción de las etapas, damos los tiempos y la dificultad que hemos valorado sobre el terreno y que pueden diferir de los "oficiales". También debemos tener en cuenta que, en el futuro, si el mantenimiento no es adecuado, la erosión que provocan los caballos y las bicicletas hará aumentar el grado de dificultad para todos.

## • El Camí de Cavalls en BTT

En bicicleta de montaña se puede recorrer en 4 ó 6 días. Se podría escoger un alojamiento al final de cada etapa: Fornells, Ciutadella, al sur de la isla y en Maó, o regresar cada noche al mismo lugar de pernoctación. En este caso, se deberían utilizar, si es posible, las rutas para BTT señalizadas y evitar la peligrosa carretera "general" Me-1 de Maó a Ciutadella. En cada etapa, se detalla el acceso al punto de partida en bicicleta, por si se quieren hacer por separado. Si sólo se quiere disfrutar de las etapas más interesantes (2, 5, 6, 7, 8, 12, 13, 14, 15 y 19), hay que consultar el apartado de *"Bicicleta de montaña"*, ya que hemos seleccionado los tramos más ciclables y bonitos.

Los tiempos y la dificultad que reseñamos a continuación son los que están escritos en los paneles informativos y corresponden a los de una persona que va a un ritmo lento haciendo paradas cortas. Una etapa considerada como *"fácil"* para un senderista puede ser más complicada en bicicleta debido a los terrenos pedregosos, arenosos o a los senderos estrechos o con pendiente fuerte. Hemos introducido el término *"ciclabilidad"*, que se basa en un criterio subjetivo adaptado a un ciclista de nivel medio: una ciclabilidad *"alta"*, nos indica un tramo fácil, y una ciclabilidad *"baja"*, un tramo complicado para ir en bicicleta, donde se deberá cargar a la espalda o empujarla. También debemos tener en cuenta que, en el futuro, si el mantenimiento no es adecuado, la erosión que provocan los caballos y las bicicletas hará aumentar el grado de dificultad para todos.

**Recomendaciones**: a parte de las que hemos mencionado en el apartado de *"Bicicleta de montaña"*, hemos de tener en cuenta:

- No llevar mucho equipaje, ya que se ha de cargar frecuentemente la BTT a la espalda o empujarla.
- Los vientos fuertes, en especial los de tramontana, pueden dificultar la progresión en la costa norte.
- En las zonas urbanas, el Camí de Cavalls evita las calles en contradirección, dando algún rodeo. En nuestras descripciones para senderistas, también indicamos los atajos para ahorrar estos trayectos más largos. En estos tramos, los ciclistas deberían bajar de la bicicleta.
- El mapa incluye unas variantes del Camí de Cavalls, como itinerarios recomendados para bicicleta, que evitan tramos de baja ciclabilidad.

- **Dirección útil**

  Menorcasport ha diseñado Cavalls de Ferro, que es la vuelta a Menorca como recorrido autoguiado de 4 días. Se utiliza, mayoritariamente, el Camí de Cavalls y se dejan de lado las etapas de ciclabilidad más baja en los alrededores de Ciutadella. Se encargan del transporte de equipajes, de los alojamientos y proporcionan los detalles de la ruta. También ofrecen recorrerlo con la ayuda de un guía experimentado. (*www.menorcasport. es* y *www.cavallsdeferro.com* - Tel. 971 381 056 y 606 415 802 - *ruth@ menorcasport.com*)

- **Etapas**

  A continuación, enumeramos las etapas donde se especifican los tiempos y la valoración de dificultad que aparecen en los paneles informativos. En la descripción de cada etapa hemos efectuado nuestra propia valoración, que, en el caso de los tiempos, no coincide plenamente con la "oficial".

**1a.** Maó – Es Grau: 3h 30min -10 km - Dificultad: media
**2a.** Es Grau – Favàritx: 3h 30min - 8,6 km - Dificultad: media
**3a.** Favàritx – Arenal d'en Castell: 5 h - 13,6 km - Dificultad: media
**4a.** Arenal d'en Castell – Cala Tirant: 4 h - 10,8 km - Dificultad: baja
**5a.** Cala Tirant – Binimel·là: 4 h - 9,6 km - Dificultad: media
**6a.** Binimel·là – Els Alocs: 5 h - 8,9 km - Dificultad: alta
**7a.** Els Alocs – Algaiarens: 4h 30min - 9,7 km - Dificultad: media
**8a.** Algaiarens – Cala Morell: 2h 10min - 5,4 km - Dificultad: media
**9a.** Cala Morell – Punta Nati: 3 h - 7 km - Dificultad: baja
**10a.** Punta Nati – Ciutadella: 4 h - 10,5 km - Dificultad: baja
**11a.** Ciutadella – Punta de Artrutx: 5 h - 13,2 km - Dificultad: baja
**12a.** Punta de Artrutx – Cala En Turqueta: 5 h -13,3 km - Dificultad: media
**13a.** Cala En Turqueta – Cala Galdana: 2h 30min - 6,4 km - Dificultad: baja
**14a.** Cala Galdana – Sant Tomàs: 4h 30min - 10,8 km - Dificultad: media
**15a.** Sant Tomàs – Son Bou: 2h 30min - 6,4 km - Dificultad:  baja
**16a.** Son Bou – Cala en Porter: 3h 30min - 8 km - Dificultad: media
**17a.** Cala en Porter – Binissafúller: 4h 30min - 11,8 km - Dificultad:  baja
**18a.** Binissafúller – Punta Prima: 3h 30min - 8,1 km - Dificultad: baja
**19a.** Punta Prima – Cala de Sant Esteve: 2h 40min - 7,3 km - Dificultad:  baja
**20a.** Cala de Sant Esteve – Maó: 2h 20min - 6 km - Dificultad: baja

- **Acceso al Camí de Cavalls**

  El km 0 está situado en Sa Culàrsega del puerto de Maó, que es su punto más adentrado en tierra.

  - **Desde la estación marítima de Maó**, vamos hacia la derecha (oeste) unos 800 m y continuamos bordeando el puerto, a pesar del cartel de "Acceso cerrado". 300 m más adelante, nos encontramos en Sa Culàrsega, donde hay un puente sobre el canal. A finales del 2011, no existía ningún panel informativo en este punto y el primero se encontraba a 1 km de distancia.

  - **Desde el aeropuerto**, cogemos la carretera Me-14 (2 km) y, después, la Me-12 en dirección a Maó (3 km). Seguimos los indicadores que nos conducen al puerto y a la estación marítima y, desde aquí, vamos por el itinerario anterior.

  - **Desde la Terminal Portuaria de Ciutadella**, el Camí de Cavalls pasa por su exterior. Saliendo a mano derecha podemos ir a Ciutadella o girar a la derecha hacia el Cap d'Artrutx, siguiendo la etapa 11.

### Webs

- Para actualizar las informaciones, ver fotos y descargar los *tracks* del GPS de las etapas, podéis consultar en **www.gr223.info**.
- En la web oficial **www.elcamidecavalls.cat** podemos descargar guías interactivas. También se puede hacer desde el teléfono móvil en unos  puntos bluetooth diseminados por la isla.

*Nota: en las descripciones de los itinerarios hemos incluido las barreras que tenemos que cruzar  y las abreviamos con la letra "B".*

Playa de Sa Mesquida

## ETAPA 1: MAÓ – ES GRAU

🕐 **Duración:** 2h 45min

📍 **Distancia:** 10 km

⬛ **Desnivel:** 250 m

Ⓓ **Dificultad:** media-baja

🚴 **Ciclabilidad:** alta en la mayor parte del recorrido por pistas y carreteras; y baja en dos tramos cortos de subida

*La etapa comienza por carreteras con tráfico moderado hasta la bonita playa de Sa Mesquida, desde donde discurre cerca de la costa hasta la caleta de Binillautí. A partir de aquí, se adentra por tierras de cultivo hasta el Parque Natural de S'Albufera des Grau.*

***Acceso al punto de partida:*** *se explica en "Acceso al Camí de Cavalls" unas líneas más arriba.*

### 1.1- Maó – Playa de Sa Mesquida

🕐 **Duración:** 1h 15min

📍 **Distancia:** 5 km

Desde Sa Culàrsega, atravesamos la carretera que conduce a la central térmica en línea recta y cogemos la Me-3 en dirección a Sa Mesquida. En el primer cruce (1 km), encontramos el panel informativo de la etapa, seguimos de frente y, 1 km más allá, cogemos la carretera de la izquierda en dirección a Sa Mesquida. A unos 1.500 m, nos desviamos a la izquierda y continuamos hasta el final de la carretera (1,5 km), donde hay el aparcamiento de la playa. Desde aquí, vemos la torre de defensa del siglo XVIII construida por los británicos.

### 1.2- Playa de Sa Mesquida – Es Grau

🕐 **Duración:** 1h 30min

🕹 **Distancia:** 5 km

Bajamos en dirección a la playa, la bordeamos por detrás y, al cabo de unos metros, giramos a la izquierda y cruzamos una pared medianera. Vamos a parar a una pista donde seguimos hacia la derecha, rodeando una cala de guijarros. Subimos por un sendero empinado y descendemos, después de una pared, al Macar de Binillautí (20 min), que atravesamos en línea recta hasta una casa (B). El sendero asciende y, en una zona plana, cruza una barrera al lado de una casa en ruinas y baja a la caleta de Binillautí (20 min).

Aquí, el camino se dirige hacia el interior (B), girando, súbitamente, a la izquierda en subida. Encontramos un cartel que nos informa de que hemos entrado al parque natural. Dejamos a la izquierda las casas de Sa Cudia Vella y cruzamos dos pistas en línea recta, una barrera y unos campos de cultivo. Delante de una barrera cerrada (cerca de la carretera) vamos hacia la derecha y, pocos metros más a la izquierda (B) y, poco después, otra vez a la izquierda (B). El camino pasa entre dos paredes y llega a la carretera Me-5 (B – 40 min), que cogemos a mano derecha hasta la entrada del núcleo turístico de Es Grau (700 m), en el punto kilométrico 6, donde vemos, a la izquierda, el panel de la etapa 2.

## ETAPA 2: ES GRAU – FAVÀRITX

🕐 **Duración:** 2h 45min

🕹 **Distancia:** 8,6 km

⬤ **Desnivel:** 250 m

Ⓓ **Dificultad:** media-baja

🚵 **Ciclabilidad:** alta en la mayor parte del recorrido por pistas y senderos costeros; y baja en algún tramo de subida y en algunas zonas arenosas

*Se trata de uno de los tramos más bonitos del Camí de Cavalls que comunica el humedal más importante de la isla, el Parque Natural de S'Albufera des Grau, con el paisaje lunar del Cap de Favàritx, pasando por calas de gran belleza.*

**Acceso al punto de partida:** *se halla en el km 6 de la carretera Me-5, a la entrada de Es Grau. Sólo cuenta con transporte público de junio a septiembre.*

## 2.1- Es Grau – Cala de Sa Torreta

 **Duración:** 1 h

 **Distancia:** 3,6 km

Seguimos, al principio, el itinerario 3 del parque natural. Pasado el puente, merece la pena desviarse hacia la izquierda hasta el mirador (ida y vuelta, 10 min). El camino atraviesa el pinar de la barrera de dunas hasta el final de la playa de Es Grau (15 min), asciende y llega a un cruce donde giramos a la izquierda por un bosque en subida. En la próxima bifurcación, continuamos de frente (hacia la derecha) disfrutando de la buena panorámica de la torre de defensa y del Cap de Favàritx, y descendemos por el sendero pedregoso a la Cala des Tamarells (20 min). La cruzamos en línea recta y giramos hacia la izquierda para coger una pista a mano derecha, que nos conduce a la cala de Sa Torreta (20 min).

## 2.2- Cala de Sa Torreta – Favàritx

 **Duración:** 1h 45min

 **Distancia:** 5 km

Abandonamos la pista, nos desviamos por un sendero a mano derecha, dejamos una caseta a la derecha y seguimos otra pista. En el siguiente cruce, vamos hacia la derecha por el bosque hasta la cala, donde abandonamos la pista, siguiendo de frente por un sendero arenoso. Al final de la cala, cogemos una pista pedregosa de subida (B) que se aleja de la costa y, pocos metros después, giramos a la izquierda, atravesando, al cabo de pocos minutos, una pista en línea recta y cruzando dos barreras abiertas. Delante de cala En Cavaller (45 min), vamos a la izquierda por el sendero boscoso. Cruzamos dos pistas en línea recta, la última, próxima a cala Morella. A partir de aquí, el sendero sube, sigue una pared medianera y baja por unos escalones a la Platja d'en Tortuga (30 min, conocida también como Arenal d'en Morella). La atravesamos en línea recta y ascendemos hasta una pista que nos conduce a la carretera del Cap de Favàritx (30 min). Las areniscas y pizarras del Carbonífero, de más de 300 millones de años, dan un color oscuro a las rocas de esta zona.

Faro de Favàritx

## ETAPA 3: FAVÀRITX – ARENAL D'EN CASTELL

🕐 **Duración:** 4h 15min

🚴 **Distancia:** 13,6 km

◐ **Desnivel:** 300 m

D **Dificultad:** media-baja

🚴 **Ciclabilidad:** baja, en numerosos tramos entre la carretera de Favàritx y el Camí d'Addaia. (Por este motivo, también describimos un itinerario alternativo)

*El tramo entre el Camí d'Addaia y S'Hort des Lleó es la parte más destacada de esta etapa: se ven peñas de colores oscuros, se cruzan las Salines de Mongofra y se bordea el "fiordo" del Port d'Addaia.*

*Acceso al punto de partida: la etapa comienza en la carretera Cf-1, 600 m antes de llegar a la barrera del faro de Favàritx. A la derecha, hay el panel informativo.*

### 3.1- Favàritx – Pou d'en Caldes

🕐 **Duración:** 50 min

🚴 **Distancia:** 3,1 km

Cogemos la carretera en dirección a Maó, atravesamos una portilla que impide el paso del ganado (a 1.400 m) y, unos 500 m más allá, giramos a mano derecha (30 min, B). Si queremos ahorrarnos una parte de ciclabilidad baja, podemos continuar por la carretera unos 3 km: llegamos al Camí d'Addaia, que seguimos a mano derecha hasta la entrada de Mongofra Nou. Vamos por una pista que atraviesa de frente una portilla sin barrera y, al cabo de pocos minutos, desciende con vistas panorámicas de la costa norte y de las islas de Addaia. Al final de la bajada, nos desviamos a la derecha, cruzamos una barrera y cogemos una pista hacia la izquierda (20 min, cerca de una casita blanca).

### 3.2- Pou d'en Caldes – Camí d'Addaia – Salines de Mongofra

🕐 **Duración:** 1h 25min

🚴 **Distancia:** 4 km

Al cabo de pocos metros, giramos a la derecha por un sendero que sube y baja. Llegamos a una pista (15 min) que seguimos hacia la izquierda, en dirección al interior. Delante de una barrera cerrada, vamos a la derecha por un sendero que sigue con cambios de dirección una pared medianera (2B, 20 min). Más adelante, la abandonamos y, en la bifurcación, giramos a la izquierda. Después de subir unas rampas cortas y empinadas, un camino ancho nos lleva a la pista del Camí d'Addaia (B, 30 min), donde nos desviamos hacia la derecha. Delante de las barreras de Mongofra Nou, giramos a la izquierda por un sendero (B y puente) y llegamos a las Salines de Mongofra (30 min).

### 3.3- Salines de Mongofra – Addaia – Arenal d'en Castell

 **Duración:** 2 h

 **Distancia:** 6,4 km

Vamos por los canales de las salinas abandonadas y llegamos a la costa (Port d'Addaia), que da la impresión de tratarse todavía de una zona húmeda. Pasamos una barrera y, al cabo de pocos metros, nos desviamos a la izquierda (B, puente – S'Hort des Lleó). Otra barrera nos conduce a una rampa empinada en subida y, la siguiente, a una pista, donde giramos a la izquierda. Después de la próxima barrera, giramos a la derecha por una pista que abandonamos al cabo de pocos metros, cogiendo un sendero a mano derecha. Poco antes de la urbanización de Addaia, encontramos el "récord absoluto" de barreras (5 en 50 metros), que nos llevan a una calle asfaltada. Seguimos de frente (en contradirección, si vamos en bicicleta. En este caso, es mejor girar a la derecha y, después, a la izquierda por la calle principal) hasta la calle principal, donde giramos a la izquierda y cogemos la carretera de acceso a Addaia. Atravesamos la Me-9 en línea recta en dirección a Coves Noves y seguimos una calle asfaltada hasta una rotonda, donde vamos en línea recta y, en el próximo cruce, de frente (en contradirección, si vamos en bicicleta. En este caso, es mejor girar a la derecha hasta la carretera). En la carretera, nos desviamos a la izquierda y, a la entrada al Arenal d'en Castell, giramos a la izquierda por la Avinguda de s'Arenal. Después de la parada de taxis (cuando tenemos a la izquierda el hotel de 8 pisos), giramos hacia la derecha y bajamos unos escalones (siguiendo el indicador de *"Playa-Beach"*), que nos llevan a la Plaça del Mar. Aquí, cogemos la vía de ronda hacia la izquierda y, al cabo de 5 min, en una curva a la izquierda, vemos una pista y el panel informativo de la etapa 4. Para evitar los escalones, si vamos en bicicleta, podemos coger la siguiente calle a la derecha (pasado el barranco), que nos lleva hasta la vía de ronda, donde giramos a la izquierda.

Arenal d'en Castell

# ETAPA 4: ARENAL D'EN CASTELL – CALA TIRANT

🕐 **Duración:** 3 h

🚴 **Distancia:** 10,8 km

⬤ **Desnivel:** 140 m

🅓 **Dificultad:** media-baja

🚲 **Ciclabilidad:** baja en el tramo inicial, hasta la urbanización de Son Parc (1 km), debido al sendero pedregoso

*Lo más interesante es el tramo inicial por encima de los acantilados y el tramo comprendido entre el arenal de Son Saura y las Salines de la Concepció. A partir de aquí, el itinerario discurre por carreteras con tráfico moderado.*

*Acceso al punto de partida: antes de llegar a la playa del Arenal d'en Castell, giramos a la izquierda y rodeamos la playa por la zona urbanizada. En el extremo oeste (después de los apartamentos Arepar), en una curva hacia la derecha, cogemos el camino a la izquierda (panel informativo). Al Arenal d'en Castell se puede acceder en transporte público desde Maó, Fornells y Es Mercadal.*

## 4.1- Arenal d'en Castell – Urb. Son Parc – Arenal de Son Saura

🕐 **Duración:** 45 min

🚴 **Distancia:** 2,5 km

El sendero pedregoso discurre por encima de los acantilados hasta la urbanización Son Parc (15 min, si vamos en bicicleta es mejor, al cabo de 5 min, dirigirse más a la izquierda hacia una pared medianera que nos conduce a una calle, que cogemos hacia la derecha). Giramos a la derecha y seguimos los carteles de *"Totes direccions"* hasta después del hotel Sol Parc, donde nos desviamos a la derecha, en dirección al arenal de Son Saura. Después de la zona comercial, vamos hacia la derecha por una pista. Al comienzo del aparcamiento, y a la izquierda, encontramos el camino (B).

## 4.2- Arenal de Son Saura – Carretera Me-7

🕐 **Duración:** 1h 30min

🚴 **Distancia:** 5 km

En este tramo, encontraremos muchas bifurcaciones, pero, en todas las pistas que nos llevarían en direcciones erróneas, hay carteles que prohíben el paso. Seguimos un sendero ancho por el bosque hasta una pista transversal donde giramos a la izquierda y, en la siguiente, a la derecha. En el próximo cruce, vamos de frente (dejando una pista a la derecha) y, después, a la izquierda. En una encrucijada de pistas, seguimos en línea recta (izquierda) y, en la siguiente, a la derecha. En otra bifurcación, nos desviamos hacia la derecha por un camino que nos conduce a una pista (B, finca Cap des Port), donde giramos a la derecha. Ignoramos una pista a la derecha y continuamos de frente hasta la carretera Me-7 (B).

### 4.3- Carretera Me-7 – Cala Tirant

 **Duración:** 45 min

**Distancia:** 3,3 km

Vamos hacia la derecha por la carretera y, en la rotonda de la Me-15, nos desviamos a la derecha (en dirección a Fornells). Después, giramos a la izquierda hacia Cala Tirant/Platges de Fornells. Cuando llegamos al núcleo turístico, seguimos en dirección a *"Platges"* y bajamos al extremo este (derecha) de la playa, donde encontramos el panel de la etapa 5. Si vamos en bicicleta y nos queremos ahorrar las escaleras de madera y la arena de la playa, podemos seguir el siguiente itinerario alternativo: en la rotonda de la Me-15, giramos en dirección a Tirant y Cavalleria y, al cabo de 2 km, nos desviamos a la derecha para llegar al lado oeste de Cala Tirant. Unos 100 m antes de la rampa de bajada a la playa (en la construcción blanca), vamos a la izquierda y encontramos el Camí de Cavalls.

## ETAPA 5: CALA TIRANT – BINIMEL·LÀ

**Duración:** 2h 45min

**Distancia:** 9,6 km

**Desnivel:** 300 m

**Dificultad:** media

**Ciclabilidad:** media. Entre el aparcamiento de la Platja de Cavalleria y Binimel·là, encontramos algunos tramos de ciclabilidad baja (por culpa de las escaleras de madera, la playa de arena y el sendero rocoso) para los que proponemos unos itinerarios alternativos

*La etapa conecta entre si algunas de las calas más bellas de la costa norte: Tirant, Cavalleria y Binimel·là, pasando por las ruinas romanas de Sanitja y el interesante Ecomuseo del Cap de Cavalleria.*

*Acceso al punto de partida: se halla en el extremo este (derecha) de la playa de Cala Tirant, donde se puede llegar con transporte público. Si vamos en bicicleta y queremos ahorrarnos las escaleras de madera y la playa, debemos seguir las indicaciones de la etapa anterior.*

## 5.1- Cala Tirant – Sanitja

 **Duración:** 1h 30min

**Distancia:** 4,7 km

Atravesamos la primera playa y, por las escaleras de madera, vamos a la playa principal. Al final, subimos por una rampa empinada hasta la pista, donde giramos a la izquierda y, al cabo de unos 100 m (en la construcción blanca), a la derecha, por una pista ancha. Nos desviamos a la derecha por una pista más estrecha y, nuevamente, a la derecha en dirección a la costa. Comienza el sendero costero y, pocos metros después, encontramos la primera barrera. Más adelante, pasamos por encima del Macar Gran (se trata de una cala, B) y llegamos a un cobertizo sobre la costa. Cogemos una pista hormigonada, que dejamos al cabo de pocos metros, y giramos a la derecha (B), hasta la carretera del Cap de Cavalleria (Cf-3), cerca de las ruinas romanas de Sanitja.

## 5.2- Sanitja – Binimel·là

 **Duración:** 1h 15min

**Distancia:** 4,9 km

Nos desviamos por la carretera hacia la izquierda y encontramos, después de recorrer 1.300 m, el aparcamiento de la Platja de Cavalleria (20 min), donde giramos a la derecha. Si vamos en bicicleta y queremos evitar las escaleras de madera y la playa, seguimos por la carretera 1 km más hasta una curva a la izquierda, donde cogemos la pista de la derecha que nos conduce al Camí de Cavalls.

Cruzamos una pared, bajamos a la playa por las escaleras de madera (10 min) y la recorremos hasta la mitad, donde giramos hacia la izquierda de subida. Llegamos a una barrera (10 min) y descendemos a cala Mica (10 min, B). El sendero asciende, pasa por una caleta y vuelve a subir muy empinado al lado de una pared. La bajada es muy rocosa, atraviesa una pista (si vamos en bicicleta, es mejor cogerla hacia la izquierda) y continúa hasta la Platja de Binimel·là.

Cerca de Cala Tirant

# ETAPA 6: BINIMEL·LÀ – ELS ALOCS

| | |
|---|---|
| 🕐 | **Duración:** 3h 15min |
| 🚲 | **Distancia:** 8,9 km |
| ◑ | **Desnivel:** 500 m |
| Ⓓ | **Dificultad:** media-alta |
| 🚴 | **Ciclabilidad:** baja en una gran parte de la etapa entre cala Barril y hasta cerca de Els Alocs, ya que el sendero es estrecho y tiene fuerte pendiente |

*Es la etapa más agreste y dura del Camí de Cavalls, que comunica entre si bonitas calas de la costa norte: Binimel·là, Pregonda y En Calderer.*

*Acceso al punto de partida: a Binimel·là se accede por carretera desde Es Mercadal o Fornells. El último kilómetro está sin asfaltar. Desde el aparcamiento, cogemos el camino ancho que comienza antes del restaurante y se dirige a la izquierda. Al cabo de pocos minutos, vamos hacia la izquierda por las pasarelas de madera y llegamos a la playa, donde encontramos el panel informativo al lado derecho.*

## 6.1- Binimel·là – Cala Pregonda

| | |
|---|---|
| 🕐 | **Duración:** 25 min |
| 🚲 | **Distancia:** 1,8 km |

Atravesamos la playa de color rojizo hacia la izquierda, subimos unos minutos (B) y cruzamos el Pla Vermell (10 min). Después de una cala de guijarros, llegamos a la primera playa de cala Pregonda, rodeada de dunas. Subimos unos metros (B) y, por una pista, bajamos hacia la segunda playa, con sus islotes de color blanco-amarillento, debido a las rocas volcánicas que los forman.

## 6.2- Cala Pregonda – Cala En Calderer

| | |
|---|---|
| 🕐 | **Duración:** 1h 15min |
| 🚲 | **Distancia:** 3,5 km |

Dejamos a la derecha la bajada a la playa y, cuando la pista se desvía hacia la derecha, vamos de frente por un bosque. Bordeamos unos cultivos, pasamos cerca de una casa abandonada y ascendemos a un collado (B). Descendemos a cala Barril, dejando las casas a la derecha (15 min), y cruzamos una pista asfaltada en línea recta en dirección a una barrera de madera. Pasamos por detrás de la cala y subimos en fuerte desnivel con muy buenas vistas sobre la cala y el *"lloc"* de Son Ametller (B). Caminamos por un sendero costero por encima de los acantilados de 20 a 50 metros de altura, donde alternan los tramos de subida con los de bajada y los llanos, las rocas rojizas con las negras. Descendemos a cala En Calderer (B).

### 6.3- Cala En Calderer – Els Alocs

🕐 **Duración:** 1h 30min

🔘 **Distancia:** 3,6 km

Cruzamos la cala (B). El sendero va hacia la derecha de subida y vuelve a bajar hacia cala Moragues (20 min). A partir de aquí, el sendero se aleja de la costa y llega al punto más alto del Camí de Cavalls, a 125 m, cerca de una barraca (30 min). El camino permite llanear por unos minutos, antes del descenso, en el que seguimos una pared que, después, cruzamos hacia la izquierda. Volvemos a subir unos minutos entre dos paredes, dejamos una casa a la izquierda y pasamos una portilla, para llegar a la cala de Els Alocs.

## ETAPA 7: ELS ALOCS – ALGAIARENS

🕐 **Duración:** 2h 30min

🔘 **Distancia:** 9,7 km

⚫ **Desnivel:** 200 m

Ⓓ **Dificultad:** media-baja

🚲 **Ciclabilidad:** baja entre Els Alocs y cala del Pilar por el sendero estrecho y, a partir de aquí, muy baja durante la subida por senderos arenosos (600m). En el resto del itinerario, la ciclabilidad es media-alta

*La primera parte discurre por la costa, pasando por encima de la atractiva cala del Pilar y atravesando la interesante cala del Macar d'Alforinet. A partir de aquí, el itinerario se dirige hacia el interior, a través de bosques y campos de cultivo.*

*Acceso al punto de partida: el Camí dels Alocs (camino de Tramuntana) arranca del km 31,5 de la Me-1 y está asfaltado hasta un collado (5 km), después de Binidalfà. Los últimos 2 km hasta Els Alocs son de pista en mal estado. Una manera alternativa más atractiva de acceso sería desde la cala del Pilar, tal como se explica en el apartado de "Paseos a calas".*

### 7.1- Els Alocs – Cala del Pilar – Macar d'Alforinet

🕐 **Duración:** 50 min

🔘 **Distancia:** 2,7 km

Cruzamos la cala hacia el oeste (izquierda), subimos por un bonito sendero costero y bajamos a una caleta (5 min). El camino se aleja de la costa y pasa por la cala siguiente (8 min), desde donde ascendemos 5 minutos hasta la bifurcación de cala del Pilar (situada a 10 min a la derecha). Un sendero muy arenoso nos conduce de subida hasta el cruce (15 min), donde vamos a la derecha (a la izquierda, se va al aparcamiento de cala del Pilar). Pasada una barrera, el camino gira a mano derecha, cruza una pista en mal estado y baja hacia la cala (B, 20 min).

### 7.2- Macar d'Alforinet – Algaiarens

 **Duración:** 1h 40min

**Distancia:** 7 km

El camino atraviesa la cala en línea recta, se dirige hacia el interior por el bosque y sigue una pared medianera en suave ascenso. Cruzamos un torrente y dejamos un atajo a mano derecha (10 min). El sendero abandona la pared y gira a la derecha para llegar, un cuarto de hora más tarde, a un collado (15 min). Pasamos una barrera (5 min) y, al cabo de 30 metros, encontramos, a la derecha, la fuente de Sa Teula, activa incluso después del verano. Vamos por una pista a través de los cultivos, dejamos otra pista a la izquierda y llegamos a una bifurcación (20 min), donde giramos a la derecha. El sendero sube, cruza dos paredes y una barrera, y se desvía a la derecha. Más adelante, abandonamos los cultivos y vamos por la pista de la derecha a través del bosque. En una barrera, seguimos hacia la izquierda, pasando por un tramo empedrado y un abrevadero (B, 30 min). Cogemos una pista a través de los cultivos que atraviesa una barrera (10 min) donde giramos a la derecha y, al cabo de pocos metros, otra vez a la derecha. Cinco minutos más tarde, nos desviamos hacia la izquierda y llegamos al panel informativo de la etapa 8, junto al aparcamiento de la cala de Algaiarens (5 min).

## ETAPA 8: ALGAIARENS – CALA MORELL

**Duración:** 2h 50min

**Distancia:** 5,4 km

**Desnivel:** 150 m

**Dificultad:** media-baja

**Ciclabilidad:** baja entre la cala de Ses Fontanelles y el Codolar de Biniatram

*Los bosques, al inicio de la excursión, se transforman en matorrales, cuando entramos en la "Menorca seca". Destaca el bonito tramo costero entre Ses Fontanelles y el Codolar de Biniatram. Resulta interesante visitar la necrópolis de cuevas excavadas en la roca entre los años 1500 y 300 a.C. en Cala Morell.*

*Acceso al punto de partida: desde la ronda de Ciutadella, cogemos la carretera de Cala Morell y, al cabo de 5 km, la de Algaiarens/La Vall hasta el aparcamiento (5 km), situado a 5 min de la bonita playa.*

Codolar de Biniatram

### 8.1- Algaiarens – Codolar de Biniatram

 **Duración:** 35 min

**Distancia:** 1,7 km

Situados enfrente del panel informativo, atravesamos el aparcamiento hacia la izquierda y cogemos una pista en ligero ascenso al lado de campos de cultivo. La pista transversal (5 min), que cogemos a la derecha, permite llanear por el bosque y baja al lado de una pared medianera. Un centenar de metros antes de la costa, pasamos una barrera a la izquierda y llegamos a la cala de Ses Fontanelles (15 min). A la izquierda, cogemos un sendero costero entre casitas de pescador que sube a un collado (7 min) y desciende al Codolar de Biniatram (8 min).

### 8.2- Codolar de Biniatram – Cala Morell

 **Duración:** 1 h

 **Distancia:** 3,7 km

El camino se dirige hacia el interior unos metros y, delante de una pared, se desvía hacia la derecha hasta una barrera. Seguimos una pared y avanzamos por un sendero paralelo a la costa, pero alejado de los acantilados. Al cabo de unos 20 min, pasamos al lado de un aljibe, seguimos una pared y llegamos a la urbanización de Cala Morell (B, 15 min). Vamos por la calle del Auriga y cogemos la tercera calle a la izquierda (Via Làctia), que, al cabo de pocos metros, gira a la derecha y desemboca en la rotonda de entrada a Cala Morell. Giramos hacia la derecha por la calle de Orió, pasamos por la necrópolis (15 min) y giramos por la calle Lira, a la izquierda. Cuando la calle se desvía a la derecha, vemos a la izquierda el panel de la etapa 9 (2 min).

# ETAPA 9: CALA MORELL – PUNTA NATI

| | |
|---|---|
| ○ | **Duración:** 1h 45min |
| ⊕ | **Distancia:** 7 km |
| ◐ | **Desnivel:** 100 m |
| Ⓓ | **Dificultad:** media, por su carácter pedregoso (en el panel "oficial" figura como "fácil") |
| ⑧ | **Ciclabilidad:** media-baja, en una buena parte del recorrido que discurre por senderos rocosos. Si no se dispone de tiempo suficiente, se aconseja ir en bicicleta directamente desde Cala Morell a Ciutadella y al Cap d'Artrutx (inicio de la etapa 12) |

*Al principio y al final de la etapa, disfrutaremos de los impresionantes acantilados de la costa norte que han provocado, en tiempos pasados, numerosos naufragios. También nos sorprenderá la presencia de elementos etnológicos (paredes, aljibes, barracas, etc.), que son un indicio de actividades tradicionales en un terreno muy yermo y pedregoso.*

*Acceso al punto de partida: en la rotonda de entrada a la urbanización de Cala Morell, giramos a la izquierda (calle de Orió), dejamos la necrópolis a la izquierda y, al cabo de pocos metros, giramos a la izquierda (calle de Lira) en subida. Pocos metros después, vemos, a la izquierda, el panel informativo. El transporte público desde Ciutadella (a 10 km) sólo funciona de julio a septiembre.*

Detrás del panel (B), giramos a mano derecha, siguiendo una pared. A unos 100 m, pasamos una barrera y vamos en dirección al mar. Poco antes de la costa (5 min), el sendero se desvía hacia la izquierda, supera un escalón rocoso y bordea, durante 10 min, los acantilados hasta una pared medianera. Aquí, giramos a la izquierda, alejándonos de la costa y, 5 min después, vemos, a la derecha, una barraca de piedra en seco, típica de esta zona. La senda abandona la pared, pasa cerca de un aljibe y llega a una pista transversal (5 min, cerca del centro de aeromodelismo). Vamos por la pista unos 30 m hacia la izquierda y, cuando comienza el asfalto, giramos hacia la derecha. Seguimos una pared y, pasada una barrera (3 min), cogemos la pista de la derecha que, muy cerca, se desvía a la derecha en dirección a la costa (2 min, B). Más adelante, vamos paralelos a la costa, bordeando una pared en dirección a una antena (10 min, B). Unos minutos más tarde, llegamos a otra pared, que seguimos hacia la derecha (B), vemos el faro y pasamos al lado de un pozo-abrevadero. Al cabo de 7 min, atravesamos un pequeño barranco (B) y, un cuarto de hora más tarde (B), disfrutamos de una buena panorámica de los acantilados de Punta Nati. Dejamos, más adelante, a mano derecha, el monumento en recuerdo del naufragio del vapor General Chanzy (en 1910, con 158 muertos), pasamos una barrera (5 min) y llegamos a la carretera de Punta Nati (B, 10 min), a unos 300 m del faro.

# ETAPA 10: PUNTA NATI – CIUTADELLA

⏱ **Duración:** 3 h

㎞ **Distancia:** 10,5 km

◗ **Desnivel:** 200 m

ⓓ **Dificultad:** media hasta Calespiques (en el panel "oficial" figura como "fácil")

🚲 **Ciclabilidad:** baja, entre Punta Nati y Calespiques, al discurrir por senderos rocosos. Si no se dispone de tiempo suficiente, se aconseja ir con la bicicleta directamente desde Punta Nati a Ciutadella y al Cap d'Artrutx (inicio de la etapa 12)

*En esta etapa, las vistas al mar y la presencia de paredes y barracas compensan una cierta monotonía del paisaje. La segunda parte discurre por los núcleos turísticos de Calespiques y Cala en Blanes, y termina a dos pasos del centro histórico de Ciutadella.*

*Acceso al punto de partida: se encuentra en la carretera Cf-5, unos 7 km al norte de Ciutadella y unos 300 m antes de llegar a la Farola de Punta Nati. No hay transporte público, pero la carretera tiene poco tráfico y es interesante desde el punto de vista paisajístico.*

## 10.1- Punta Nati – Calespiques

⏱ **Duración:** 1h 30min

㎞ **Distancia:** 5 km

Empezamos (B) por un camino llano y pedregoso desde el que, en días claros, se puede divisar Mallorca en el horizonte. Encontramos una barrera al cabo de 10 min, seguimos una pared y atravesamos otra (10 min). Después de una barrera, cruzamos un barranco donde la presencia de un pozo y un abrevadero nos hacen admirar la tenacidad del campesino menorquín para sacar provecho de una tierra tan pobre. Comienza (B, 20 min) la ligera ascensión hasta las proximidades del punto geodésico de Bajolí (20 min), desde donde descendemos hacia un edificio (10 min). En la depuradora, tomamos la carretera asfaltada y, unos 300 metros más allá, giramos a la derecha. Desde el camino, vemos, a la derecha (15 min), el acantilado horadado del Pont d'en Gil y, poco después, llegamos a la urbanización de Calespiques (B, 5 min).

Cerca de Punta Nati

### 10.2- Calespiques – Ciutadella

 **Duración:** 1h 30min

**Distancia:** 5,5 km

En este tramo, y durante la temporada, encontraremos al típico turista británico "descamisado", y el hábitat en el que pasa sus vacaciones. Cogemos la calle asfaltada de la izquierda y, a unos 700 m (después de los apartamentos Binimar), giramos a la derecha y, en la rotonda (300 m), giramos a la izquierda ("*Totes direccions*"). Un kilómetro más allá, vamos de frente y bajamos a la playa de Cala en Blanes. La atravesamos, vamos unos metros hacia la derecha y subimos por una escaleras hacia la izquierda hasta el Camí de sa Farola, donde giramos a la derecha (en bicicleta es mejor coger la calle de acceso a la playa hacia la izquierda y girar a la derecha). Gozamos de unas buenas vistas de la cuesta y, más tarde, del puerto de Ciutadella. A unos 2 km, llegamos al aparcamiento de la antigua terminal portuaria, donde encontramos el panel de la siguiente etapa.

# ETAPA 11: CIUTADELLA – CAP D'ARTRUTX

 **Duración:** 3h 30min

**Distancia:** 13,2 km

**Desnivel:** 50 m

 **Dificultad:** media, entre Cala Blanca y el Cap d'Artrutx

 **Ciclabilidad:** media-baja, entre Cala Blanca y el Cap d'Artrutx. Si no se dispone de mucho tiempo, se aconseja coger la carretera desde Ciutadella hasta el Cap d'Artrutx (inicio de la etapa 12)

*El itinerario no es demasiado interesante, ya que atraviesa numerosas urbanizaciones y el tramo costero es poco espectacular. Merece la pena entrar en el centro histórico de Ciutadella y perderse por sus callejones.*

*Acceso al punto de partida: el inicio de la etapa se encuentra a pocos minutos del centro de Ciutadella, en el aparcamiento-mirador que hay cerca de la terminal portuaria.*

### 11.1- Ciutadella – Cala Blanca

 **Duración:** 2h 30min

**Distancia:** 9,5 km

### A pie:

Desde el aparcamiento, vamos de frente en dirección al centro (corto tramo en contradirección para bicicletas) y giramos a la derecha hacia el puente del muelle. Unos metros más allá, subimos por los escalones de la izquierda hasta la calle de Sa Muradeta, donde nos desviamos hacia la derecha en dirección a la Plaça des Born.

### En bicicleta o a caballo:

Hemos de dar un gran rodeo para evitar un tramo corto en contradirección. Desde el aparcamiento, regresamos hacia la terminal portuaria, giramos a la derecha por la avenida de la Ciutat de l'Alguer y, nuevamente, a la derecha, por la calle de la Quintana de Mar. Nos desviamos a la izquierda por la calle de Santa Bàrbara hasta la plaza de Dalt els Penyals, donde seguimos hacia la derecha por el Camí de Son Salomó. En el Museo del Bastió de sa Font, vamos a la derecha por la calle de Sa Muradeta, en dirección a la Plaça des Born.

Bordeamos la Plaça des Born por la derecha hasta la terminal de autobuses situada en la Plaça de s'Esplanada (o dels Pins). Aquí, giramos a la izquierda siguiendo el carril bici, que nos conduce a la calle Mallorca y que recorremos hasta el final.
En las siguientes rotondas, vamos hacia Son Oleo y pasamos por la nueva terminal portuaria. Giramos a la derecha por la "Vorera dels Molls" y, a unos 200 m, nos desviamos hacia la derecha en dirección a la Torre des Castellar. Antes de llegar a ella, el sendero se dirige a la izquierda y desemboca a una calle que seguimos unos metros. Bajamos a sa Caleta d'en Gòrries, la atravesamos y subimos a la calle donde vamos a la derecha. Cuando se desvía hacia la izquierda, continuamos de frente por el Carreró de sa Nacra hasta que encontramos a la derecha los escalones que nos conducen a Cala Santandria. Saliendo de la playa, tomamos la calle unos 20 m y giramos a la derecha por el carrer des Falciot. A unos 40 m volvemos a coger la calle de la derecha que bordea Cala Santandria y tiene buenas vistas de la Torre des Castellar. El camino se desvía hacia la izquierda y, a unos 100 m, abandona la línea costera girando a la izquierda y llegando al Carrer des Tudó. Vamos a la derecha por el Carrer de la Cadernera y giramos de nuevo a la derecha por la Avinguda Cala Blanca. Pasada la playa de Cala Blanca, nos desviamos a la derecha por la Avinguda Llevant, hasta una curva pronunciada a la izquierda. Aquí, vemos la estaca del Camí de Cavalls y el indicador *"Mirador Cap de sa Paret".*

### 11.2- Cala Blanca – Cap d'Artrutx

 **Duración:** 1 h

 **Distancia:** 3,7 km

Cruzamos la primera barrera al cabo de 10 min y una segunda un cuarto de hora más tarde. Después de la siguiente barrera (10 min), entramos en la marina de S'Olivaret. El camino se dirige hacia la costa (5 min) y pasa por una batería costera de la Guerra Civil y al lado de una barraca. Después de una barrera (10 min), encontramos el panel de la etapa siguiente.

# ETAPA 12: CAP D'ARTRUTX – CALA EN TURQUETA

🕐 **Duración:** 3h 25min

Ⓜ **Distancia:** 13,3 km

◓ **Desnivel:** 120 m

Ⓓ **Dificultad:** media-baja

🚲 **Ciclabilidad:** media-baja, debido a los senderos rocosos

*A partir de la playa de Cala en Bosc, comienza una de las etapas más interesantes del Camí de Cavalls, que bordea la costa sur, pasa por las maravillosas Platges de Son Saura y termina en la bucólica cala En Turqueta.*

***Acceso al punto de partida:*** en la entrada del núcleo turístico del Cap d'Artrutx, giramos a la derecha (*"Miradors, urbanització Cap d'Artrutx"*) y, al cabo de unos 300 m, encontramos un aparcamiento. A mano derecha, vemos el panel indicador.

## 12.1- Cap d'Artrutx – Playa de Cala en Bosc

🕐 **Duración:** 40 min

Ⓜ **Distancia:** 3 km

Desde el panel, vamos a la calle de la urbanización y la cogemos hacia la derecha en dirección al sur hasta el faro de Artrutx (20 min). Pocos metros después, giramos a la derecha por la calle Paseo Marítimo hasta Cala en Bosc, donde cruzamos el canal por el puente con escalones y, al cabo de unos 100 m, llegamos al acceso a la playa (20 min).

## 12.2- Playa de Cala en Bosc – Platges de Son Saura

🕐 **Duración:** 1h 30min

Ⓜ **Distancia:** 5,3 km

Bajamos a la playa, que atravesamos en línea recta. Al otro lado, nos desviamos hacia la derecha y caminamos cerca del mar hasta el mirador de Sa Punta de sa Guarda y la playa de Son Xoriguer (15 min). Cruzamos la playa de frente y seguimos por la costa rocosa, pasando por la entrada a la Cova des Pardals (20 min, se trata de un acceso subterráneo al mar). Después de atravesar dos portillas, el camino se ensancha (10 min), se dirige hacia el interior y, al cabo de pocos metros, se desvía a mano derecha hacia una cala. A partir de aquí, seguimos por la costa, pasando por tres pequeñas calas más y por restos de búnkeres y trincheras de la Guerra Civil. Una barrera (30 min) da paso a las Platges de Son Saura. El Camí de Cavalls va hacia la derecha y cruza la primera playa en dirección a la torre del socorrista. Los ciclistas suelen desviarse, después de la barrera, hacia la izquierda y, de este modo, pasan por detrás de la playa.

Cerca de las Platges de Son Saura (Etapa 12)

### 12.3- Platges de Son Saura – Cala En Turqueta

 **Duración:** 1h 15min

 **Distancia:** 5 km

Cogemos la pista que hay detrás de la torre del socorrista, que se dirige, unos metros, hacia el interior. Cruzamos un puente a mano derecha y la playa (10 min), y seguimos por la costa. Cerca de Cala des Talaier, el Camí de Cavalls va por el interior, pasando una barrera (20 min), subiendo al lado de una pared unos metros y girando a la derecha por la costa. Media hora más tarde, cuando ya vemos cala En Turqueta, dejamos un sendero a la izquierda y empezamos a bajar con buenas panorámicas de la cala. En un camino transversal (15 min), nos desviamos a la izquierda hacia una portilla, donde giramos a la derecha (para bicicletas, es mejor ir a la izquierda) y bajamos a la cala (5 min).

## ETAPA 13: CALA EN TURQUETA – CALA GALDANA

 **Duración:** 2 h

 **Distancia:** 6,4 km

**Desnivel:** 200 m

**Dificultad:** media-baja

**Ciclabilidad:** alta en la mayor parte del recorrido, a excepción de los alrededores de cala Macarella

*En esta etapa, el Camí de Cavalls pasa por las calas más emblemáticas de la costa sur, por bosques y por numerosos miradores, que nos permitirán disfrutar de vistas panorámicas.*

*Acceso al punto de partida: en una rotonda de la ronda sur de Ciutadella (RC-2), cogemos la carretera en dirección a Sant Joan de Missa y, desde aquí, vamos de frente hasta el aparcamiento (10 km). Podemos bajar a la cala por la pista o por un sendero: en este caso, nos desviamos a mano derecha, a unos 200 m del aparcamiento, cuando la pista gira a la izquierda. Tras 10 min, llegamos a la playa, donde encontramos el panel informativo de la etapa 13.*

### 13.1- Cala En Turqueta – Cala Macarella

 **Duración:** 45 min

 **Distancia:** 2,8 km

Subimos por el sendero y, en la bifurcación del sendero litoral (5 min), vamos a la izquierda. Pasamos una portilla y llegamos a una pista transversal (10 min), donde giramos a la derecha de bajada. A unos 7 minutos, debemos desviarnos a mano izquierda, si queremos seguir el Camí de Cavalls. Merece mucho la pena seguir de frente hacia cala Macarelleta (2 min) e ir a la izquierda, por encima de los acantilados, a cala Macarella (15 min, no es un sendero adecuado para bicicletas). El Camí de Cavalls pasa por debajo de unas peñas, sube a una zona llana y desciende a cala Macarella (10 min).

### 13.2- Cala Macarella – Cala Galdana

 **Duración:** 45 min

 **Distancia:** 2,6 km

En el lado izquierdo de la playa, podemos escoger entre las escaleras de madera o el sendero (abierto para bicicletas y caballos), que ambos confluyen al cabo de 5 min. Encontramos una primera bifurcación hacia un mirador con vistas de cala Macarelleta y tres más con vistas sobre los acantilados. A unos 20 min, dejamos una portilla a la izquierda y bajamos hasta Cala Galdana (5 min).

### 13.3- Cala Galdana – Final de la etapa 13

 **Duración:** 20 min

 **Distancia:** 1 km

Al llegar a la calle transversal, continuamos de frente, bajamos las escaleras y vamos a la derecha, junto al canal. Más adelante, cruzamos por el puente de madera hacia la derecha y cogemos el paseo peatonal de la playa hasta el puesto de la Cruz Roja, donde cogemos un camino hacia la izquierda.

Lo seguimos unos 150 m y nos desviamos a la derecha hasta la Avinguda de sa Punta. Vamos hacia la derecha, giramos por la segunda calle a mano izquierda (calle del Camí de Cavalls) y encontramos el panel de la etapa 14.

# ETAPA 14: CALA GALDANA – SANT TOMÀS

| | |
|---|---|
| 🕐 | **Duración:** 3 h |
| 🚗 | **Distancia:** 10,8 km |
| ◐ | **Desnivel:** 300 m |
| Ⓓ | **Dificultad:** media-baja |
| 🚲 | **Ciclabilidad:** media-alta, en la mayor parte del recorrido |

*Etapa de gran interés paisajístico con un contraste marcado entre la parte inicial costera, donde destaca la bellísima cala Mitjana, y una segunda parte por bosques y campos de cultivo, que cruza los barrancos de Trebalúger y de Sa Cova. Esta etapa se puede hacer como una excursión circular, enlazándola con el sendero litoral (véase el itinerario K del apartado de "Senderismo").*

*Acceso al punto de partida: en la rotonda de entrada a Cala Galdana, cogemos la calle de la izquierda (Avinguda de sa Punta) y giramos por la tercera calle a mano izquierda (calle del Camí de Cavalls). Al cabo de unos 50 m, encontramos el panel de la etapa 14. A Cala Galdana se llega en transporte público.*

## 14.1- Cala Galdana – Cala Mitjana

| | |
|---|---|
| 🕐 | **Duración:** 20 min |
| 🚗 | **Distancia:** 1,3 km |

Giramos a la izquierda, siguiendo la pared por un ancho sendero que, al cabo de unos 5 min, se desvía hacia la derecha. Después de pasar al lado de un horno de cal, encontramos un camino más ancho (2 min, el de la derecha va a un mirador que hay sobre cala Mitjana) que cogemos a la izquierda y, al cabo de unos 100 m, hacia la derecha. En la próxima bifurcación, continuamos recto de bajada hasta Cala Mitjaneta y llegamos, 5 min más tarde, al cruce de cala Mitjana (escaleras de madera a la derecha). Seguimos de frente y, poco después, giramos a la derecha en dirección al aparcamiento, donde vamos a la derecha y, pocos metros después, a la izquierda (B).

## 14.2- Cala Mitjana – Barranco de Sa Cova

| | |
|---|---|
| 🕐 | **Duración:** 45 min |
| 🚗 | **Distancia:** 2,7 km |

Subimos por un sendero ancho a través del bosque y, a unos 7 min, en el camino transversal, nos desviamos a la izquierda. Pasamos por una barraca (B) y, poco después, vamos a la derecha, dejamos un camino a la izquierda y cruzamos una barrera en el sentido de la marcha. El sendero atraviesa una pista en línea recta, se dirige hacia la izquierda, siguiendo una pared que cruzamos después hacia la derecha (2 B), y baja entre dos paredes. Al cabo de pocos minutos, atravesamos la pista del Hort de Trebalúger en línea recta (2 B) y de subida. Un cuarto de hora más tarde, llegamos al barranco de Trebalúger (B), donde corre agua todo el año y lo cruzamos en línea recta bordeando los campos de cultivo. Después de un tramo muy bonito, descendemos al barranco de Sa Cova, pasamos por un puente de madera y continuamos en la misma dirección.

### 14.3- Barranco de Sa Cova – Sant Tomàs

| | |
|---|---|
|  **Duración:** 1h 45min | |
| **Distancia:** 6,8 km | |

Al lado de un abrevadero, comienza la subida en lazadas por un camino de carro hasta la pista de cala Fustam (15 min), que cogemos a unos 50 metros hacia la izquierda en dirección a Son Carabassa. Giramos a la derecha, atravesamos diversas portillas sin barrera y abandonamos la zona llana por un sendero que se desvía hacia la izquierda. Descendemos por el encinar hasta el barranco de Sa Torre (30 min) y subimos por una senda empedrada. Cruzamos la pista de cala Escorxada en línea recta (B, 15 min), bajamos por un frondoso encinar (B) y seguimos una pared. Llegamos a la pista del Barranc de Binigaus (20 min) y giramos a la derecha. Tres minutos más tarde, nos desviamos hacia la izquierda en dirección a la playa de Binigaus y seguimos la costa hasta el principio del paseo peatonal de Sant Tomàs, donde encontramos el panel informativo (20 min).

# ETAPA 15: SANT TOMÀS – SON BOU

| | |
|---|---|
|  **Duración:** 2 h | |
| **Distancia:** 6,4 km | |
| **Desnivel:** 50 m | |
|  **Dificultad:** media-baja | |
|  **Ciclabilidad:** media-alta, en la mayor parte del recorrido y baja en un corto tramo saliendo de Sant Tomàs | |

*Después de un tramo costero, el itinerario bordea el Prat de Son Bou, una zona húmeda de gran importancia.*

*Acceso al punto de partida: en la rotonda de entrada a Sant Tomàs, seguimos de frente en dirección a la costa. Al inicio del paseo peatonal, a mano izquierda, encontramos el panel informativo. Dispone de transporte público.*

Cogemos el paseo en dirección al este hasta el final (1.200 m), donde giramos a la derecha y continuamos por el sendero costero. Subimos por unos escalones excavados en la roca y llegamos a la parte superior de los acantilados. Más adelante, comienza una pista (7 min) entre la costa y los campos de cultivo, que nos conduce al inicio de la playa de Son Bou, donde cruzamos un puente de madera (10 min). En este lugar, el Camí de Cavalls se desvía a la izquierda (a pie es posible continuar de frente por la playa hasta el final y subir al aparcamiento que hay en la entrada de Son Bou, donde comienza la etapa siguiente). Pasamos una barrera y, al cabo de unos 100 m, otra hacia la izquierda. El camino bordea la zona húmeda, cruza dos barreras y discurre por un bosque, al final del cual giramos a la derecha (B metálica). Atravesamos al otro lado del Prat de Son Bou, donde el camino se dirige hacia la derecha y pasa entre dos paredes y por otra barrera metálica. En una casita blanca (Son Benet), vamos a la izquierda, cogemos una pista (B), ignoramos una bifurcación a la izquierda al cabo de 200 m (B) y llegamos al aparcamiento de un hotel. Vamos a la derecha y seguimos en línea recta. Cogemos la segunda calle a la derecha (paseo marítimo, lejos de la costa, por motivos medioambientales) y, en la roton-da, seguimos recto. Al final del aparcamiento, en la salida de Son Bou, a mano izquierda, encontramos el panel informativo.

# ETAPA 16: SON BOU – CALA EN PORTER

| | |
|---|---|
| 🕐 | **Duración:** 2h 30min |
| 🚲 | **Distancia:** 8 km |
| ◐ | **Desnivel:** 190 m |
| Ⓓ | **Dificultad:** media-baja |
| 🚴 | **Ciclabilidad:** baja, al principio entre Son Bou y la pista de Llucalari, y en algún pequeño tramo en el barranco de Cala en Porter. Es alta en el resto del itinerario |

*El itinerario atraviesa, al principio, la solitaria cala de Llucalari, por un sendero estrecho y pedregoso y, al final, discurre por caminos anchos y cómodos, a través del exuberante barranco de Cala en Porter.*

*Acceso al punto de partida: se encuentra en la entrada de Son Bou, a mano derecha, en el aparcamiento. Dispone de transporte público.*

## 16.1- Son Bou – Cala de Llucalari

| | |
|---|---|
| 🕐 | **Duración:** 20 min |
| 🚲 | **Distancia:** 1,2 km |

Vamos unos 50 m por la carretera de acceso a Son Bou en dirección a Alaior, y giramos a la derecha por una calle (en contradirección para bicicletas). A unos 20 m, antes de una construcción blanca, nos desviamos a la izquierda y subimos hasta un collado (B, 10 min). El sendero se dirige a la izquierda y baja al lecho del Barranc des Bec, que nos conduce a la cala de Llucalari (10 min).

### 16.2- Cala de Llucalari – Cala en Porter

 **Duración:** 2h 10min

 **Distancia:** 6,8 km

Vamos a la izquierda y subimos por el barranco vecino, que abandonamos al cabo de 10 min, girando a la derecha, en fuerte subida. 5 minutos más tarde, el camino permite llanear, sigue una pared medianera, pasa unas portillas y cruza 4 barreras. Cuando llegamos a la pista asfaltada, giramos a la izquierda y, a unos 700 m, nos desviamos hacia la derecha (B). El sendero pasa un torrente, sube (B) y, en la pista, giramos a mano derecha. A unos 350 m, vamos a la izquierda (indicador *"Torrenova-private property"*, B) por una pista y, en el siguiente cruce, abandonamos la pista principal y seguimos de frente. Después de una barrera, comienza el descenso al barranco de Cala en Porter. Pasamos un puente y, 50 m más allá, giramos a la derecha por un ancho sendero (B) que tiene rampas empinadas en subida. Llegamos a un tramo de camino de nueva construcción, al pie de unas peñas, y con buena vista panorámica del barranco que baja en lazadas hasta una pista donde iremos a la derecha. El sendero bordea los huertos de frutales hasta el aparcamiento del hotel Aquarium, donde encontramos el panel informativo de la etapa 17.

# ETAPA 17: CALA EN PORTER – BINISSAFÚLLER

| | |
|---|---|
| **Duración:** 3h 45min | |
| **Distancia:** 11,8 km | |
| **Desnivel:** 200 m | |
| **Dificultad:** media (en el panel figura como "fácil") | |
| **Ciclabilidad:** baja hasta Calescoves; en el resto de la etapa: media-alta | |

*Como en toda la zona sur de Menorca, los puntos más interesantes del recorrido son los barrancos de vegetación exuberante que debemos atravesar: el de Calescoves, el de Ses Penyes y el de Biniparratx.*

*Acceso al punto de partida: desde la calle principal de Cala en Porter, vamos hacia la derecha en dirección a la playa, hasta el hotel Aquarium. Al lado derecho hay un aparcamiento y el panel informativo.*

### 17.1- Cala en Porter – Es Canutells

 **Duración:** 1h 45min

 **Distancia:** 5,4 km

Desde el aparcamiento, giramos a la izquierda, de subida, hasta la calle principal, donde vamos hacia la derecha. Después de los apartamentos Siesta Mar, nos desviamos a la izquierda (en dirección a la zona deportiva) hasta el final y, nuevamente, a la izquierda (señal de calle sin salida). A unos 50 m, encontramos una barrera a la derecha. El sendero atraviesa paredes, cruza tres barreras y baja hasta la pista de Calescoves, donde continuamos en línea recta. Seguimos el lecho del barranco unos 100 m hacia la izquierda y giramos a la derecha en fuerte subida. Bordeamos una pared, pasamos dos barreras, atravesamos una pista y cinco barreras más. Poco después, nos encontramos en el lecho de un barranco y vamos por un sendero empedrado entre dos paredes, hasta llegar al área recreativa de Es Canutells.

### 17.2- Es Canutells – Binissafúller

 **Duración:** 2 h

 **Distancia:** 6,3 km

Cogemos la calle hacia la derecha y giramos a la izquierda por la Avinguda des Canutells. Atravesamos en línea recta por una zona peatonal en un complejo turístico y, al final, cruzamos la calle de frente y cogemos la carretera de acceso. A unos 1.800 m, en una curva a la izquierda, vemos una barrera a la derecha. Seguimos una pared, cruzamos cuatro barreras y llegamos a una pista donde giramos a la izquierda. Pasamos otra barrera y atravesamos la carretera en línea recta. En la próxima bifurcación, nos desviamos a la izquierda y, al cabo de pocos metros, cogemos un sendero a la derecha, entre paredes, que desemboca en una pista. En un cruce de cinco caminos, optamos por el de la derecha y, en una casa blanca (Binidalí de sa Cala), vamos a la derecha por una pista. La seguimos sólo unos 150 m para girar a la izquierda por un sendero que, primero, permite llanear y, después, baja al barranco de Biniparratx. Salimos a una pista asfaltada que cogemos unos metros hacia la izquierda y vamos enseguida a la derecha (continuación lógica del camino). Pasamos dos barreras y descendemos hasta la carretera (B y panel informativo).

Cerca de Santa Caterina

# ETAPA 18: BINISSAFÚLLER – PUNTA PRIMA

🕐 **Duración:** 2 h

🚴 **Distancia:** 8,1 km

⚫ **Desnivel:** 100 m

ⓓ **Dificultad:** baja

🚲 **Ciclabilidad:** baja, saliendo de la cala de Binissafúller y de Son Ganxo

*Este tramo discurre, mayoritariamente, por las calles asfaltadas de los núcleos turísticos del sur de Maó, entre los que destaca Binibèquer Vell, que imita un poblado de pescadores. Al final de la etapa, disfrutamos de las vistas de la isla del Aire.*

*Acceso al punto de partida: desde Sant Climent, vamos a la urbanización Cap d'en Font, donde giramos a la izquierda en dirección a Sant Lluís. A unos 400 metros, tenemos, a la derecha, el aparcamiento del Caló Blanc y, a la izquierda, detrás de una barrera, el panel informativo.*

## 18.1- Binissafúller – Binibèquer Vell

🕐 **Duración:** 30 min

🚴 **Distancia:** 2 km

Desde el panel informativo, cruzamos la barrera y cogemos la carretera hacia la izquierda. Al final de Binissafúller, después de atravesar el barranco, giramos a la derecha hacia la playa y, al cabo de unos metros, vamos en línea recta hacia una portilla. El sendero rocoso bordea la cala, se dirige hacia la izquierda y desemboca en una calle asfaltada, que seguimos de frente. Vamos por el Passeig de la Mar (en contradirección, para bicicletas) y, antes del Binibeca Club Resort, giramos hacia la derecha. El paso público pasa por la terraza de las habitaciones y gira a la izquierda en dirección al muelle, donde nos desviamos a la izquierda. En la calle transversal, giramos hacia la derecha y atravesamos el núcleo turístico de Binibèquer Vell por la calle principal.

## 18.2- Binibèquer Vell – Punta Prima

🕐 **Duración:** 1h 30min

🚴 **Distancia:** 6,1 km

Vamos de frente y continuamos por el paseo marítimo de Binibèquer Vell. En la rotonda, seguimos recto hacia Binibèquer Nou y Cala Torret. Después, giramos a la derecha hacia Punta Prima por una bonita carretera costera y, cuando ésta gira a la izquierda, nos desviamos a la derecha hacia Son Ganxo. Poco después, vamos a la derecha por el Passeig de sa Marina y, delante de la calle de Sa Torre (señal de calle sin salida), giramos a la derecha. Cogemos el sendero litoral hacia la izquierda y llegamos a una calle asfaltada (10 min). En el siguiente cruce, optamos por la calle de la izquierda y, al final de la playa, encontramos una barrera y un panel informativo.

## ETAPA 19: PUNTA PRIMA – CALA DE SANT ESTEVE

🕐 **Duración:** 2h 15min

**Distancia:** 7,3 km

**Desnivel:** 70 m

ⓓ **Dificultad:** media (fácil, según el panel informativo)

**Ciclabilidad:** baja, entre Punta Prima y cala de Alcalfar (sendero rocoso) y antes de llegar a la Cala de Sant Esteve

*Aunque nos estamos acercando a Maó, esta etapa nos sorprenderá, ya que pasa por tramos vírgenes de la costa, zonas deshabitadas, calas de gran belleza y antiguos caminos. Merece la pena desviarse para visitar la Cala de Rafalet.*

*Acceso al punto de partida: en la rotonda de entrada a Punta Prima, vamos de frente hasta el Passeig de s'Arenal (al lado de la playa), donde giramos a la izquierda hasta el final. Aquí, encontramos una barrera y el panel informativo. Se puede llegar en transporte público.*

### 19.1- Punta Prima – Cala de Alcalfar

🕐 **Duración:** 45 min

**Distancia:** 2,7 km

Seguimos el sendero rocoso paralelo a la costa. Al cabo de una media hora, dejamos la torre de Alcalfar a mano derecha y, 15 minutos más tarde, llegamos a la cala.

### 19.2- Cala de Alcalfar – Cala de Sant Esteve

🕐 **Duración:** 1h 30min

**Distancia:** 4,6 km

Atravesamos la cala en línea recta hacia la calle de acceso y, en la primera bifurcación, giramos a la izquierda (en contradirección, para bicicletas. En este caso, es mejor seguir recto hasta la siguiente calle a la izquierda, que nos conduce hasta la carretera). En la carretera, vamos a la izquierda y, pasado el km 9, nos desviamos a la derecha por una pista (Camí de

Torre de Alcalfar

Rafalet). Cruzamos otra carretera en línea recta y continuamos en la misma dirección, ignorando todas las bifurcaciones (B). Después de una bajada, tenemos, a la derecha, una portilla que conduce a la bonita Cala de Rafalet (merece la pena visitar este idílico rincón por un sendero, a través de un encinar de gran belleza). Poco después, abandonamos el camino ancho y cogemos un sendero a la izquierda. Atravesamos seis barreras y dos pistas, y llegamos a un tramo de camino muy bonito, que discurre entre dos paredes, y está empedrado. En una pista asfaltada, giramos a la izquierda unos metros y, después, a la derecha, para coger un sendero entre paredes y de empedrado irregular. Después de dejar a la derecha la Villa Eugenia, el sendero desciende hasta Cala de Sant Esteve.

# ETAPA 20: CALA DE SANT ESTEVE – MAÓ

⏱ **Duración:** 1h 30min

🚗 **Distància:** 6 km

🌓 **Desnivel:** 50 m

ⓓ **Dificultad:** baja

🚴 **Ciclabilidad:** alta

*A excepción de un tramo de 50 metros de sendero empedrado, el resto del recorrido va por carreteras asfaltadas, algunas con tráfico moderado. Al final de la etapa, atravesamos Maó por su centro histórico.*

*Acceso al punto de partida: vamos desde Es Castell en dirección al castillo de Sant Felip y, poco antes de llegar, giramos a la derecha hacia la Cala de Sant Esteve por la Cf-2. Podemos utilizar el aparcamiento situado sobre la cala, desde donde atravesamos la carretera y bajamos por un camino empedrado. Vamos bordeando la cala hacia la derecha y, a unos 150 m, vemos, a mano derecha, un camino empedrado de subida.*

Desde el panel informativo, descendemos unos metros y cogemos la calle asfaltada hacia la izquierda, bordeando la cala. Cuando la calle gira a la derecha, cogemos un camino empedrado de subida y llegamos a la carretera, donde nos desviamos a mano izquierda. En la próxima bifurcación, giramos hacia la izquierda en dirección a Es Castell. Llegados al pueblo, vamos por la carretera (que dispone de una buena acera para peatones) en dirección a Maó. En la rotonda de entrada, pasamos al lado de la gasolinera y cogemos la siguiente calle a la derecha. Seguimos de frente (en contradirección, para bicicletas) por el camino de Es Castell, que nos conduce a la plaza de Espanya. Nos dirigimos hacia la plaza de la Constitució y a la calle de Isabel II. Pasado el Museo de Menorca, bajamos al puerto por la costa de Ses Piques y giramos hacia la izquierda hasta Sa Culàrsega.

## OTRAS ACTIVIDADES

- **Espeleología**
  Menorca es una isla de roca caliza con numerosas cavidades.
  *En la siguiente dirección, encontraréis más información:*
  **www.esconatura.com/espeleologia-cavidades.htm** y
  *http://sites.google.com/site/uemexcursionisme/espeleologia*

- **Escalada**
  Hay dos zonas costeras cercanas a Maó (Es Rafalet y Es Sòtil), dos al sur
  de la isla (Son Bou y Calescoves) y una en la costa norte (Cavalleria).
  Esta última tiene siete sectores diferentes con vías de hasta 8b. En
  Calescoves encontramos cuatro sectores con algunas vías de escalada
  clásica (IV- V+) y de deportiva (hasta 7b).
  *Para a más información:*
  *http://sites.google.com/site/uemexcursionisme/viesd'escalada*

## ALOJAMIENTOS

En las zonas turísticas, la mayor parte de los hoteles sólo están abiertos
de mayo a octubre. En el mapa hemos señalado los núcleos turísticos y
los pueblos con oferta de alojamientos, y los pequeños hoteles rurales.
Los alojamientos económicos siguientes están abiertos todo el año:

**Maó**
- **Hostal Jume** – Tel. 971 363 266 – *reservas@hostaljume.com*

**Fornells**
- **Hostal Residència Port Fornells** – Tel. 971 376 373 –
  *reservas@hostal-portfornells.com*
- **Hostal S'Algaret** – Tel. 971 376 552 – *reservas@hostal-salgaret.com*

**Es Mercadal**
- **Hostal Jeni** – Tel. 971 375 059 – *info@hostaljeni.com*

**Ferreries**
- **Aparthotel Loar** – Tel. 971 374 181 – *www.loarferreries.com*

**Ciutadella**
- **Hotel Alfons III** – Tel. 971 380 150 – *halfonso@supersonik.com*
- **Hostal Ciutadella** – Tel. 971 383 350

**Otros alojamientos** *(sólo están abiertos en temporada alta)*
- **Camping Son Bou** – Ctra. Sant Jaume, km 3,5 – 07730 Alaior –
  Tel. 971 372 727 / 971 372 605 – *www.campingsonbou.com* –
  *info@campingsonbou.com*

- **Camping S'Atalaia** – Ctra. Cala Galdana, km 4 – 07750 Ferreries –
  Tel. 971 374 232 – Fax. 97137 4 232 – *www.campingsatalaia.com* –
  *campingsatalaia@yahoo.es*

## Oficinas de información turística

- **Info Menorca** – Tel. 902 929 015
- **Oficina de Información Turística Maó Centro** – Tel. 971 367 415 – Pl. Explanada s/n, Quiosco núm. 5 – 07702 Maó – *infomenorcamao@menorca.es*
- **Oficina de Información Turística Puerto de Maó** – Tel. 971 355 952 – Moll de Llevant, 2 – 07701 Port de Maó – *infomenorcaport@menorca.es*
- **Oficina de Información Turística Ciutadella** – Tel. 971 382 693 – Pl. de la Catedral, 5 – 07760 Ciutadella – *infomenorcaciutadella@menorca.es*
- **Oficina de Información Turística Fornells** – Tel. 971 158 430 – Pl. des Forn, Casa del Contramaestre – 07748 Fornells – *infomenorcafornells@menorca.es*
- **Oficina de Información Turística Aeropuerto** – Tel. 971 157 115 – Terminal Llegadas Aeropuerto – 07712 Maó – *infomenorcaeroport@menorca.es*

## Seguridad, sanidad y rescate en montaña

- **Emergencias** – Tel. 112
- **Urgencias médicas** – Tel. 061

## Grupos excursionistas

- La Unió Excursionista Menorquina cuenta con secciones de senderismo, escalada y espeleología: *http://sites.google.com/site/uemexcursionisme/home*
- El Grup d'Ornitologia Balear i de defensa de la natura (*www.gobmenorca.com*) tiene la sede de Maó en el Molí del Rei, un antiguo molino harinero de la época británica, que ha sido restaurado. Se puede visitar en horario de oficina y podemos encontrar información relativa a excursiones y a los valores naturales de la isla (Camí des Castell, 53 – Tel. 971 350 762). El GOB también gestiona el Centre de la Natura de Ferreries, que cuenta con una exposición permanente sobre la naturaleza de Menorca y con exposiciones temporales sobre temáticas ambientales (Tel. 971 374 505). Con su sede en Ciutadella, se puede contactar en el teléfono 971 386 322.

## Informaciones de interés

Encontraréis más información del Camí de Cavalls en la web de esta guía: *www.gr223.info*, en la que podéis descargar los *tracks* del GPS, ver más fotos y los perfiles de las etapas. Está previsto que el Consell de Menorca publique una web oficial sobre el Camí de Cavalls.

- **Web oficial del "Camí de Cavalls"** – Interesante web desde donde se pueden descargar guías interactivas. También se puede hacer desde el teléfono móvil, a unos puntos bluetooth diseminados por la isla – *www.elcamidecavalls.cat*
- **Portal de cartografía del CIME** – Es muy interesante el vuelo virtual que se puede hacer por la isla – *http://cartografia.cime.es*
- **Reserva de la Biosfera** – *www.biosferamenorca.org* y *http://obsam.cat*
- **Información turística** – *www.menorca.es*, *www.menorca.net* y *www.menorcaexplorer.com*
- **Arqueología** – *www.menorcaweb.net/arqueologia*, *www.menorcamonumental.org* y *www.talayots.es*
- **Coordinadora del Camí de Cavalls** – *http://coordinadoracamidecavalls.blogspot.com*
- **Información meteorológica** – *www.eltiempo.es* y *www.aemet.es*
- **Organización de excursiones a pie** – *www.rutasmenorca.com* – Tel. 685 747 308 – *rutasmenorca@gmail.com*
- **Organización de itinerarios en BTT** – *www.menorcasport.es* y *www.cavallsdeferro.com* – Tel. 971 381 056 y 606 415 802 – *ruth@menorcasport.com*

## Guías de itinerarios

- *"A pie por Menorca. 15 itinerarios para amar la isla".* Camps, Miquel; Carreras, Francesc; Lora, Manuel. GOB Menorca, 2008.
- *"Guía Camí de Cavalls. 20 itinerarios para descubrir Menorca".* Fundació Destí Menorca, 2010.

# Menorca
## Camí de Cavalls (GR 223)
### Balearic Islands

**Map and hiking and tourist guide**
Editorial Alpina, SL

**Revision of map and texts**
**Coordinator:** Jaume Tort
**Colaborators:** Miquel Camps, Francesc Carreras,
Aina Escrivà, Ralf Freiheit, Pep V. Homar, Manuel Lora,
Miquel Taltavull, Jutta Vaupel, Paddy Dillon

**Texts**
Jaume Tort. Corrections made by Paddy Dillon and Andy
Mitter

**Reconnaissance and photographs:** Jaume Tort

**Cover photograph:** Camí de Trepucó to Trebalúger,
near Maó

First edition: march of 2011
Updated: january of 2012

© Editorial Alpina, SL
ISBN: 978-84-8090-422-3

Dipòsit legal: B-10762-2011

## PRACTICAL ADVICE

- Respect private property and do not enter if there is a sign prohibiting it. The sign *'Prohibido el paso'* applies somes only to cars and *'Coto privado de caza'* has nothing to do with hikers. Most of the footpaths marked on the map (even the public ones) cross private property. The hikes explained on the following pages pose no problems with regard to right of way.

- Leave the gates and barriers between the different estates the way you found them. They are usually closed.

- Respect the natural surroundings: don't light fires, don't drop litter and don't be noisy. Camping is only allowed in the two official campsites of the island. Dogs may chase sheep. Leave them at home or keep them always on a lead.

- Don't leave valuables in your car neither in isolated car parks nor at the beaches nor at the archaeological sites.

- **When using a GPS receiver, note that the datum of the map is the ED 1950.**

- The best seasons for hiking and cycling in Menorca are spring and autumn. Even if the sea breeze softens the hot summer temperatures, it is best to avoid the months of July and August. Use a hat and sun protection and bring enough water supplies. When the strong north winds (Tramuntana) blows, it is advisable to hike along the south coast.

- If you have any corrections for the map or for the guidebook, please contact: *jaume.tort@gmail.com*. On the website: *www.gr223.info*, we will inform you about corrections and news related to the contents of this guidebook.

The Balearic Group for Ornithology and Defence of Nature, known as GOB, is an independent, non-profit association dedicated to the study, the popularization and the defence of the environment in the Balearic Islands. It is sustained by members' fees, donations of sympathizers, the production of services related to environment and the sale of books and other promotional materials.

In the last 30 years, the GOB has organized large demonstrations that have helped to avoid the urban development of idyllic places like: Cala Macarella, Albufera des Grau, Trebalúger, Cala en Turqueta, Barranc d'Algendar. At the moment, the organisation is also involved in sustainable development and other projects that are trying to find a balance between human activities and nature conservation.

**For more information, contact:**
GOB – C/ Camí des Castell, 53 – 07702 Maó – *www.gobmenorca.com* – Tel. 971 350 762

# Menorca

## Balearic Islands

Macar de Alforinet (stage 7)

# FOREWORD

*The attractions of Menorca go far beyond the stereotype of its unspoilt coves of turquoise waters. Despite its small size, the island offers a variety of landscapes: cliffs and beaches, gorges and plains, pasture and croplands, forests and scrub. The sometimes, 'boring landscape' that you see beside the roads changes completely when you put on your hiking boots or ride your bike and take the footpaths, cross the ravines or walk along the coast. From an archaeological point of view, Menorca is an unique open air museum riddled with 'Talaiots' (watch-towers), 'Navetes' (boat shaped graves) and 'Taules' (T-shaped sanctuaries). Also interesting is its ethnological heritage which includes: cattle stone huts, sandstone quarries, drystone walls and old paths that allow us to enjoy its highlights on foot or by bike. Aside from the Camí de Cavalls (Horses' Path), a circular route that goes around the island, there are also coastal paths and paths that lead to castles and churches or connect villages and 'Llocs' (Menorca's farmhouses).*

*A large part of the island is private owned, and for this reason, some hiking routes have been off-limits. Since 1996 and after some demonstrations on behalf of the Camí de Cavalls, the government enacted a law and outlined a plan which has achieved the reopening of this important ethnological, historical and scenic heritage. In 2010, the 185 km footpath had already been cleared and signposted in order that locals and visitors could enjoy it on foot, by bike or on horseback.*

Menorca measures about 50 km from Ciutadella to Maó and has a maximum width of 20 km. Although just 100.000 inhabitants lives in its 700 km², the island receives one million tourists each year, mostly in the summer season. There are two distinct geological regions: the North or Tramuntana, with hills of dark rocks and an indented coastline, and the southern half which consists of a plateau broken by deep gorges and high limestone cliffs on the coast. El Toro is the highest peak, at 358 m. It has a typical Mediterranean climate with an average annual temperature of 17ºC and 600 mm of rainfall. The north wind can reach gale force and blows 185 days per year.

Due to the good preservation of its natural landscape and rural environment and in order to promote a sustainable development, Menorca was declared a Biosphere Reserve by UNESCO. Almost half of the island is protected and there are two nature reserves: The Nature Park of Albufera des Grau and the Marine Reserve Nord de Menorca. A total of 582 vertebrate species are distributed as follows: 324 fish, 3 amphibians, 12 reptiles, 26 mammals and 218 birds (Egyptian vultures, kites and ospreys among them). There are forests of pine, holm oak and wild olive trees. Of the 1200 species of plants, 7% are endemic (meaning they can only be found on this island).

Due to its location at the heart of the Mediterranean, Menorca has enjoyed on the one hand trade and cultural contacts that have provided economic splendor, and on the other hand, it has suffered colonization, invasions and attacks that have threatened it with depopulation. Prehistory has left an important legacy that reached its peak during the Talaiotic period (from 1500 BC). Later on, the island was part of the Roman Empire, Byzantine and Arab, until it was conquered by the Kingdom of Aragon and repopulated by Catalans in 1287. In the sixteenth and seventeenth centuries, Menorca suffered with great virulence raids by Turkish pirates who destroyed and looted Maó in 1535 and Ciutadella in 1558. Its inhabitants were either butchered or sold into slavery. Between 1708 and 1802, the island became a British possession three times with some short periods under French and Spanish control. The deep imprint of the British is still reflected on the buildings, the roads, the countryside and even in the language.

# COMMUNICATIONS

- The bus company **Torres Allés** (*www.e-torres.net*) offers a service between the airport and Maó and between Ciutadella and its southern tourist resorts (Tel. 902 075 066)

- **Transportes Menorca** (*www.tmsa.es*) covers the route between Maó, Alaior, Es Mercadal, Ferreries and Ciutadella (Tel. 971 360 475)

- **Roca Triay** connects Fornells, Es Mercadal, Maó and its coastal resorts: *www.autosfornells.com* (Tel. 686 939 246 and 696 925 808)

- **Rent-a-bike**
  You find them in the main towns and tourist resorts. We recommend: *www.totvelo.com*, *www.bikemenorca.com*, *www.ciclostramontana.com*, *www-diacomplert.com* and *www.velosjoan.com*

- **Taxis**
  Radio-Taxi Menorca (Tel. 971 367 111- *taxi@taximenorca.es*) has stops in the main towns and tourist resorts.

# PLACES OF INTEREST

- **Tourist roads (by car or bike)**
  The most scenic roads are: To the lighthouse of Cavalleria (road Cf-1), the Me-13 from Es Mercadal to El Toro, to the Cap de Favàritx (Cf-3), from Ciutadella to Punta Nati (Cf-5) and the Camí d'en Kane. This narrow road between Maó and Es Mercadal is named after the beloved first British governor of the island and is a good alternative to the Me-1. The road starts shortly after leaving Maó on the way to Fornells (Me-7).

- **Mountain bike routes**
  There are many signposted routes around Ciutadella and Maó. One of them connects Punta Nati (near Ciutadella) with Punta Prima (near Sant Lluís) crossing the whole island through beautiful rural and natural landscapes riddled with archaeological sites.

- **Nature Park of S'Albufera des Grau – Cap de Favàritx**
  You will find more information in the 'Hiking in Menorca' section (route C).

- **Maó**
  The British moved the capital from Ciutadella to Maó due to its sheltered harbour which is still its main attraction. In the next sections, you will find routes to the nearby archaeological ruins (B4), to the secluded chapel of Sant Joan des Vergers (A2, B2) and to the charming hamlet of Llucmaçanes (A3, B3).

- **Ferreries**
  This pretty village is a good starting point for the visit to the coves of Cala Mitjana and Trebalúger in the south (route K), Cala del Pilar to the north (F), the fortress Castell de Santa Àgueda (H) and the gorge Barranc d'Algendar (L). A hike to the prehistoric site of Son Mercer de Baix with superb views over nearby gorges is explained in route B9.

- **Ciutadella de Menorca**
  The most important festival of the island (Sant Joan), in which the horses feature in all kinds of shows on the streets, takes place in this town in June. A stroll around the old town and the visit of the unspoilt coves of Macarella, En Turqueta and Son Saura in the south and La Vall-Algaiarens in the north are highlights of a trip to Menorca. A beautiful hike takes you from Cala en Bosc to Cala Galdana (route J).

# Hiking in Menorca

*Walking is the best way to enjoy the varied landscape of the island: You will see the farmhouses in the middle of fields criss-crossed by drystone walls. Along the way you will find cattle huts, water cisterns, sandstone quarries, lime kilns and watchtowers. In recent years, the opening of coastal paths, the signposting of public trails and the clearing of the Camí de Cavalls have increased remarkably the possibilities for hiking in Menorca.*

*Due to the numerous private properties, on some walks you will have to go back the way you came, or call a taxi. The routes described below as day-hikes include the most beautiful stages of Camí de Cavalls (2, 5, 6, 7, 8, 12, 13, 14, 15, 16 and 19) which are explained in the section 'Long distance trail - GR 223'. You can see more pictures and update this guidebook and the map on the website: **http://www.gr223.info***

## A. AROUND MAÓ

### A1.- From Es Castell to Maó

| | |
|---|---|
| 🕐 | **Time:** 1hr 30min *(one way)* |
| ◑ | **Height climbed:** 50 m |
| Ⓓ | **Degree of difficulty:** medium |
| ⬤ | **Cyclability:** medium-easy |

*Walk along the southern shore of the magnificent inlet of Port de Maó.*

***Access to the starting point:*** *Take the road Me-6 from Es Castell to Sant Lluís and turn left towards 'Sol del Este'. After the street veers left, you find at nº 19 a narrow path that leads to the coast.*

Follow it and go to the right when you reach the cliffs. Go over a wall to a cove (5 min) with superb views over Port de Maó and its islands. Go back the same way but follow the coastline to Cala Pedrera (10 min), and from there take a narrow path above the cliffs to the pretty Calesfonts (10 min).
Walk along the port (5 min) to reach Passeig de Sta. Àgueda (5 min) and Carrer de Sant Ignasi where you take the first on the right to Cala Corb. Instead of going down to the seafront, turn left on Carrer de Cala Corb and, after a few meters, go to the right on Carrer Stuart. At its end, in an open field, walk first in the same direction and then go towards the coast. When the footpath veers left, go down on a narrow path to the small harbour of Es Fonduco from where you walk along the coastal street towards Maó.

### A2.- The chapel of Sant Joan des Vergers
*Circular route*

| | |
|---|---|
| 🕐 | **Time:** 45 min |
| ◑ | **Height climbed:** 50 m |
| Ⓓ | **Degree of difficulty:** low |
| ⬤ | **Cyclability:** medium-easy |

*With this delightful stroll you will discover the bucolic surroundings of the chapel. You could also visit it on the longer hike described on route B2.*

*Access to the starting point: After arriving in Maó by the road Me-1, turn left at the first traffic light (towards 'Centre de Salut') on Carrer Fornells and park near the corner with Camí de Dalt de Sant Joan (the second street on the right).*

Walk on the left side of Carrer Fornells and, when it veers right and after nº 18, go down a flight of steps (5 min) and follow the walkway with fine views over the Port de Maó. It comes out onto the Costa de ses Piques (5 min) where you turn left to the seafront and walk along it to the left. Leave Maó on the Me-7 and, at the roundabout, take the narrow exit in front of you (Camí de Baix de Sant Joan) which leads to the chapel. Before returning to Maó, it's worth exploring the cobbled path to the right of your way back. With your back to the church, take the path that goes uphill in front of you and cross the ring road to Carrer Fornells (10 min).

### A3.- The hamlet of Llucmaçanes
*Circular route*

| | |
|---|---|
|  | **Time:** 1hr 15min |
|  | **Height climbed:** 20 m |
| **D** | **Degree of difficulty:** low |
|  | **Cyclability:** medium-easy |

*Short hike to this pretty hamlet taking narrow footpaths. You could also visit it on the longer hike described on route B3.*

*Access to the starting point: On the ring road of Maó, turn right towards Sant Lluís on the Me-8 and, after 300 meters, right to the Restaurant El Picadero where you can park.*

Take the dirt track and, in 3 minutes, keep straight on leaving to your right a signposted path. At the next junction (8 min), go to the right to Lluc-maçanes where you head towards the church. Walk along the road to Maó for one kilometre and turn right on the signposted Camí d'en Claudis. The path narrows, crosses a road, changes its name (Camí de Darrere Malbúger Vell) and leads you to a fork where you turn left to the car park.

### A4.- From Cala de Sant Esteve to Trebalúger
*Circular route*

| | |
|---|---|
| ⏱ | **Time:** 2hr 30min |
| | **Height climbed:** 50 m |
| **D** | **Degree of difficulty:** medium |
| | **Cyclability:** medium-easy (difficult at some stony sections) |

*Beautiful narrow footpaths lead to the interesting archaeological site 'Talaiot de Trebalúger'.*

*Access to the starting point: Set off from the car park of Fort Marlsborough, located before reaching Cala de Sant Esteve.*

Cross the road and walk on a cobbled footpath to Cala de Sant Esteve. Go to the right and, after 150 meters, turn right uphill and follow the Camí de Cavalls until you reach a wide track (10 min, to the left is 'Villa Eugenia') where you go to the right. At the Camí de Binissaida (700 m) turn right and, after

400 meters (where the road veers right) left taking the 'Camí Fosc'. From there follow the signposted cycle route (towards Sant Lluís) some 1500 m to the junction with 'Camí de Rafalet' where you keep straight on. Shortly afterwards, go to the left on Camí de sa Torre and, at its end, to the right. Take the first road on the left to visit the Talaiot de Trebalúger. Go back to the last fork and turn left to the Me-6 which you follow for several meters to the right. Take the 'Camí de Trepucó a Trebalúger' on your left that narrows and is very stony. When it gets wider, go to the right on a dirt track which ends in one of the most fascinating foothpaths of the island. At the track Camí de Biniatap turn left for a couple of meters and right on a wide path where you keep straight on. At the Me-6, walk further in the same direction, take the first road on the right and, at the next junction, go to the right to the car park.

### A5.- From Cala de Sant Esteve to Punta Prima
*Circular route*

| | |
|---|---|
|  | **Time:** 5hr 30min |
|  | **Height climbed:** 200 m |
| Ⓓ | **Degree of difficulty:** medium |
| 🚲 | **Cyclability:** medium-easy (difficult between Punta Prima and Cala d'Alcalfar) |

***Varied hike along narrow and pretty footpaths which go by a watch-tower, an archaeological site and a beautiful cove.***

*Access to the starting point: See route A4.*

Follow route A4 to the Talaiot de Trebalúger (1hr). From there, go back to the last fork, turn right, leave the Camí de sa Torre to your left and keep straight on. Take the unpaved Camí de Trebaluget which comes out onto Camí des Rafaletó where you leave the cycle route and go to the left. At the next turnoff, take the Camí de s'Olivera to the right until the road from Sant Lluís to Punta Prima (45 min) that you cross straight on. Follow the cycle route to Biniancolla (1 hr) and, from there, walk towards the coast linking, after 250 meters, with the stage 18 of Camí de Cavalls (described in its section). Turn left to Son Ganxo, leave the street and walk along the coast to the northern edge of Punta Prima (30 min). From there, take stage 19 of Camí de Cavalls to Cala de Sant Esteve (2hr 15min). Don't miss the detour to Cala de Rafalet.

## B. MOUNTAIN BIKING

***You will find these routes on the 'Mountain biking' section.***

## C. THE NATURE PARK OF S'ALBUFERA DES GRAU – CAP DE FAVÀRITX

***Since 1995, the nature park has protected, 5000 hectares of wetlands, forests and beaches. The park also includes the Cap de Favàritx where you can admire the oldest rocks of the island. The access to the Information Centre is from the road Me-5 (Maó–Es Grau, K. 3.5).***

### C1.- Llimpa's Route

🕐 **Time:** 40 min    Ⓚ **Distance:** 1,7 km

From the information centre, follow the road to its end where you can also park. Take the dirt track on your right that leads you to a beautiful viewpoint over the lagoon.

### C2.- Santa Madrona's Route

🕐 **Time:** 1 hr

From the information centre, follow the road to its end where you can also park. Take the closed dirt track on your left and, after 200 meters, turn right to a bird watching hut. From there, go back some 100 meters, turn right and, at the next turnoff, again to the right on a wide track which you follow until another bird watching spot. Keep straight on and take a narrow path to the left that joins up with the dirt track. Go to the right to the car park.

### C3.- Sa Gola's Route

🕐 **Time:** 40 min    Ⓚ **Distance:** 1,7 km

It starts at K. 6 of the Me-5, near Es Grau. After the bridge, turn left to a viewpoint (5 min), go back to the forested path (5 min) and turn left. When you reach the beach (15 min), go to the right to the village of Es Grau.

### C4.- From Es Grau to Cap de Favàritx

🕐 **Time:** 2hr 45min (*one way*)

Follow stage 2 of Camí de Cavalls.

# D. FROM CALA TIRANT TO SANITJA

🕐 **Time:** 1hr 30min (*one way*)

◓ **Height climbed:** 100 m

Ⓓ **Degree of difficulty:** medium

🚲 **Cyclability:** medium

Follow the first section of stage 5 of Camí de Cavalls. When you reach the road, you could go to the right for 2 kilometres to the lighthouse at Cavalleria.

# E. FROM PLATJA DE BINIMEL·LÀ TO THE CAR PARK OF CALA DEL PILAR

🕐 **Time:** 4hr 45min (*one way*)

◓ **Height climbed:** 650 m

Ⓓ **Degree of difficulty:** medium-high

🚲 **Cyclability:** difficult

*This is the most isolated and difficult section of Camí de Cavalls. Due to its length, when you reach the end of the hike, it will be very strenuous to go back to the starting point on foot. If you don't have another car there, you could call a taxi.*

Follow stage 6 from Platja de Binimel·là to Els Alocs, and from there, stage 7 to the turnoff near the cove of Cala del Pilar. Take the sandy footpath uphill to reach a junction (15 min) where you leave the Camí de Cavalls and turn left. The pretty forest path leads you to the car park (20 min).

## F. FROM THE CAR PARK OF CALA DEL PILAR TO ALGAIARENS

🕐 **Time:** 2hr 20min (*one way*)

◑ **Height climbed:** 120 m on the ascent and 200 m on the descent

Ⓓ **Degree of difficulty:** medium-low

🚲 **Cyclability:** medium-easy

*Access to the starting point: The paved track 'Camí del Pilar' starts at K. 34.2 of the Me-1, coming from Maó or K. 34.8 if you come from Ciutadella.*

From the car park, take the dirt track to the farmhouse of Sant Felip for several meters and turn right on a sandy footpath through the forest. Ignore a track to the left and a closed path to the right and keep to the main one near a drystone wall. At the junction with the Camí de Cavalls, go to the left and follow stage 7 to Cala d'Algaiarens.

## G. FROM ALGAIARENS TO CALA MORELL

🕐 **Time:** 1hr 50min (*one way*)

◑ **Height climbed:** 150 m

Ⓓ **Degree of difficulty:** medium-low

🚲 **Cyclability:** medium-difficult

Follow stage 8 of Camí de Cavalls. The most interesting section is the first one to Codolar de Biniatram.

## H. THE FORTRESS OF CASTELL DE SANTA ÀGUEDA (259 M)

🕐 **Time:** 30 min (*one way*)

◑ **Height climbed:** 170 m

Ⓓ **Degree of difficulty:** medium

🚲 **Cyclability:** medium

*The Arabs settled in Menorca for three centuries and left this fortress at the top of a mountain.*

*Access to the starting point: Driving from Maó to Ciutadella on the Me-1, turn right at K. 31.5 (Camí dels Alocs). After 3 kilometres, look for an abandoned building (school) on the right at the entrance of the farmhouse of Santa Cecília.*

Take the dirt uphill track between the school and the entrance and, shortly afterwards, go through a gate. The track turns into a cobbled path (15 min) which climbs to the top of the mountain. Enjoy the superb views before going back down the same way you came.

# J. THE SOUTHERN OF CIUTADELLA

*The costal area between Cala en Bosc and Cala Galdana is one of the most gorgeous of the island. The short hikes J2, J3, J4 are alternatives for the most beautiful sections of the long costal walk J1.*

### J1.- Platja de Cala en Bosc – Cala Galdana

| | |
|---|---|
| ⏱ | **Time:** 4hr 15min |
| 🌓 | **Height climbed:** 320 m |
| Ⓓ | **Degree of difficulty:** medium |
| 🚲 | **Cyclability:** medium |

*Due to its length, when you reach the end of the hike, it will be very strenuous to go back to the starting point on foot. If you don't have another car there, you could call a taxi or, during the high season, rely on the public transportation.*

*Access to the starting point: from the Ciutadella's southern ring road (RC-2) take the road to Cap d'Artrutx. At the entrance's roundabout, turn left, follow the signs for 'Platja de Cala en Bosc' and park near the Hotel Cala en Bosc.*
From there, walk along stage 12 of Camí de Cavalls to Cala en Turqueta and, then, follow stage 13 to Cala Galdana.

### J2.- Routes from Platges de Son Saura
*Access to the starting point: from the Ciutadella's southern ring road (RC-2) take the road to the southern coves and, after 3.5 kilometres, keep straight on. Pass the archaeological site of Son Catlar (worth visiting) and reach the beach car park (6,5 km).*

### J2.1-Platges de Son Saura – Platja de Son Xoriguer – Cala en Bosc

| | |
|---|---|
| ⏱ | **Time:** 1hr 30min |
| 🌓 | **Height climbed:** 20 m |
| Ⓓ | **Degree of difficulty:** medium |
| 🚲 | **Cyclability:** medium-difficult |

Behind the car park's gate, go to the right and, in one minute, join up with stage 12 of Camí de Cavalls. Go through the gate to the right and follow the coastline to Platja de Son Xoriguer (1hr 15min) and to Cala en Bosc (15 min). Go back the way you came.

### J2.2-Platges de Son Saura – Cala des Talaier – Cala en Turqueta

🕑 **Time:** 1hr 15min

◑ **Height climbed:** 40 m

Ⓓ **Degree of difficulty:** medium

🚴 **Cyclability:** medium-difficult

Behind the car park's gate, take the dirt track to the left. Two minutes later, leave it and walk along the beach joining up with stage 12 of Camí de Cavalls. For the way back from Cala en Turqueta, take the interior path described on hike J3.1.

### J3.- Routes from Cala en Turqueta
*Access to the starting point: from Ciutadella's southern ring road (RC-2) take the road to the southern coves and at the chapel of Sant Joan de Missa (4,5 km) keep straight on to reach the car park (6 km). From there, walk downhill on a dirt track to the cove where you find the starting point of stage 13.*

### J3.1-Cala en Turqueta – Cala des Talaier – Platges de Son Saura

🕑 **Time:** 1 hr

◑ **Height climbed:** 40 m

Ⓓ **Degree of difficulty:** medium

🚴 **Cyclability:** medium-easy (difficult after Cala des Talaier)

Walk up a flight of steps to the right of the beach, go through a gap in a wall and, at the next turnoff (3 min), turn right. Leave to your left the Camí de Cavalls (towards Platges de Son Saura) and keep straight on. Shortly afterwards (in front of a gap in a wall) go to the left on an uphill footpath. In 5 minutes, walk along a boundary wall to Cala des Talaier (20 min) and, from there, take the Camí de Cavalls to the beaches of Son Saura (20 min, the dirt track leads to the car park). Go back to Cala des Talaier the way you came. From there, follow the Camí de Cavalls along the coast to Cala en Turqueta.

### J3.2-Cala en Turqueta – Cala Macarella

🕑 **Time:** 45 min

◑ **Height climbed:** 80 m

Ⓓ **Degree of difficulty:** medium-low

🚴 **Cyclability:** medium-easy

Follow stage 13 of Camí de Cavalls to Cala Macarella. From there, go back taking the coastal path described on hike J4.1.

### J4.- Routes from Cala Macarella
*Access to the starting point: from Ciutadella's southern ring road (RC-2) take the road to the southern coves and at the chapel of Sant Joan de Missa (4,5 km), turn left to the car park (8 km). Take the wide path behind the closed gate and, at its end (5 min), go to the right for several meters and turn left to reach the left side of the beach (7 min).*

### J4.1-From Cala Macarella to Cala en Turqueta along the coastal path

| | |
|---|---|
| ⊙ | **Time:** 45 min |
| ◓ | **Height climbed:** 80 m |
| Ⓓ | **Degree of difficulty:** medium |
| ⊛ | **Cyclability:** medium-difficult |

From the right side (W) of the beach, leave to your right the Camí de Cavalls and go up a flight of steps with beautiful views over majestic cliffs and idyllic beaches. At the top (3 min), the path veers right and drops down to Cala Macarelleta (7 min) where you take the dirt track uphill. After two minutes, at a crossroads with the Camí de Cavalls, go to the left on an overgrown footpath. At the next junction (3 min, where there is a viewpoint to the left), turn right and ignore all crossroads until you come out onto the Camí de Cavalls (20 min). Follow it walking straight on to Cala en Turqueta (5 min). Go back to Cala Macarella, following stage 13 of Camí de Cavalls.

### J4.2-Cala Macarella – Cala Galdana

| | |
|---|---|
| ⊙ | **Time:** 1hr 15min |
| ◓ | **Height climbed:** 50 m |
| Ⓓ | **Degree of difficulty:** low |
| ⊛ | **Cyclability:** medium-easy |

From the left side of the beach (E) follow stage 13 to Cala Galdana. When you will be there, you could visit the Barranc d'Algendar (route L). Interior path to Cala Macarella: When you arrive in Cala Galdana, turn left, walk around Hotel Audax and take the first street on the left. At its end, 15 meters to the right of the stepped walkway, look for an overgrown path. Take it and, at the turnoff (10 min), keep straight on for a few meters to the next junction where you go over the wall to your left. Behind it, take the left dirt track and follow it until you reach an important fork (10 min). The right path leads to Macarella's car park (5 min) and the one on the left drops down to Cala Macarella (7 min).

# K. FROM CALA GALDANA TO PLATGES DE BINIGAUS

### Along the Camí de Cavalls. *Return via the coastal path*
*Circular route*

| | |
|---|---|
| ⊙ | **Time:** 5 hr |
| ◓ | **Height climbed:** 600 m |
| Ⓓ | **Degree of difficulty:** medium-high |
| ⊛ | **Cyclability:** medium-easy (difficult at the coastal path) |

*This route combines a walk through gorges and forests with a coastal path which crosses idyllic beaches.*

*Access to the starting point: at the entrance roundabout of Cala Galdana, take the left street (Av. de sa Punta) and turn left on the third street (Carrer del Camí de Cavalls). At the end of it, you will find the starting point of stage 14.*

### K1.-Cala Galdana – Platges de Binigaus

🕐 **Time:** 2hr 30min

Follow stage 14 of Camí de Cavalls.

### K2.-Platges de Binigaus – Cala Galdana, *on the coastal path*

🕐 **Time:** 2hr 30min

When you come from Cala Galdana on the Camí de Cavalls, turn right on the dirt track towards the coast (3 min) and leave to your left the beach. The footpath veers right through the forest and in 15 minutes goes along the cliffs. Cross the beach of Cala Escorxada (30 min) and, from there, take a dirt track to the next cove, Cala Fustam (10 min). Go towards the beach, take an uphill path to the right and reach, after a steep drop, Cala Trebalúger (30 min). At the opposite end, go up a flight of rock steps to the flat top of the cliffs and, at the next turnoff, turn left. Shortly afterwards, go to the right through a gap in a wall and walk downhill to Cala Mitjana (30 min). From there, go up to the Camí de Cavalls and take it to the left to reach Cala Galdana (15 min).

## L. THE GORGE OF BARRANC D'ALGENDAR

🕐 **Time:** 3 hr

 **Height climbed:** 150 m

 **Degree of difficulty:** medium

 **Cyclability:** medium

*The 'Camí Reial' from Ferreries to Ciutadella crosses one of the most magnificent and secluded landscapes of the island: The gorge Barranc d'Algendar which contains a permanent stream, fruit orchards and sub-tropical vegetation.*

*Access to the starting point: At the big roundabout near Ferreries on the Me-1, take the Me-22 to Cala Galdana. After 100 meters, there is a track to the right signposted as 'Camí Reial'.*

Take it and, in 10 minutes, turn right on a shady footpath which comes out onto a paved track (30 min). Keep straight on (towards Ciutadella) and, 50 meters after the K.13 of the MTB route, go to the left. This narrow path (Pas d'en Revull) is one of the most beautiful of the island, built between high cliffs and covered with lush vegetation.

Ten minutes later, pass a gate and take a track to the left walking along a permanent stream. At the bridge, cross to the right and go up on a rock carved footpath. There is an inviting picnic spot under a huge holm oak tree on the left side and, a few meters further on, a narrow path to the right which leads to a viewpoint over the gorge. Go back the same way you came as far as the gate of Pas d'en Revull, where you keep straight on following the track. It goes by a farmhouse and comes out at the big roundabout on the Me-1. If you don't like the paved road take, in 10 minutes, the shady path that you used on the way down.

## L1.-Visit of the mouth from Cala Galdana

| | |
|---|---|
| 🕐 | **Time:** 1hr 15min (*go and back*) |
| ◓ | **Height climbed:** 30 m |
| Ⓓ | **Degree of difficulty:** medium-low |
| 🚲 | **Cyclability:** medium-easy |

*Walk uphill from Cala Galdana through the gorge Barranc d'Algendar. Because of private properties, it is impossible to link this route with the former one.*

*Access to the starting point: at the entrance of Cala Galdana, after the bridge, turn right to the car park.*

Walk along the waterway towards the gorge and follow the street to its end (500m). Go over a wall to the right of a closed gate and, at the next junction, turn right. Go over another gate, ignore a right fork and walk under the cliffs to reach a locked gate where you can't walk further. Go back the way you came.

# M. THE COLOMS' CAVE AND THE BINIGAUS' GORGE

| | |
|---|---|
| 🕐 | **Time:** 2 hr |
| ◓ | **Height climbed:** 120 m |
| Ⓓ | **Degree of difficulty:** medium |
| 🚲 | **Cyclability:** medium |

*Comfortable forest paths lead to the magnificent beaches of Binigaus and to the cave known for its size as 'The Cathedral'.*

*Access to the starting point: at the exit of Es Migjorn Gran (towards Sant Tomàs), turn right at the sign 'Hotel Rural, Cova des Coloms' on Av. David Russell and park at its end.*

Take the street to the cemetery, leaving some ruins on your left and, in front of Hotel Binigaus Vell (10 min), turn left. In 5 minutes leave to the left the direct path to the cave and keep straight on for 5 minutes more. A few meters before a locked gate, go to the left through a gap in the wall and pass a water cistern (10 min). After it, cross to the other side of the valley and walk downhill to a turnoff (5 min). The path on the left is used for the return so turn right to the beaches of Binigaus (15 min). Go back to the turnoff, keep straight on and ignore, in 10 minutes, a first fork. After a shady section along the bottom of the valley, come onto a T-shaped junction (5 min). Go to the right taking a zigzag path to the impressive Coloms' Cave (2 min). Go back down to the last junction, turn right to reach a track (7 min) and go to the right to the car park (15 min).

# N. SANT TOMÀS – SON BOU – SANT TOMÀS

*Circular route*

| | |
|---|---|
| 🕐 | **Time:** 3 hr |
| ◓ | **Height climbed:** 60 m |
| Ⓓ | **Degree of difficulty:** medium-low |
| 🚲 | **Cyclability:** medium |

*This hike combines a rocky coastal path, the wetlands of Son Bou and the longest beach of Menorca.*

*Access to the starting point: at the entrance roundabout of Sant Tomàs, turn left and park at the end of the street near Hotel Victoria Playa.*

### N1.- Sant Tomàs – Son Bou

Walk to the seaside, go to the left and follow stage 15 of Camí de Cavalls.

### N2.- Son Bou – Sant Tomàs

From the car park at the entrance of Son Bou, walk for 50 meters along the road (towards Alaior) and take the first street on the right. At the next turnoff, go to the left, pass the ruins of an old church and walk along the beach to the right. At its end, keep straight on, following the Camí de Cavalls to Sant Tomàs.

## P. SON BOU – CAP DE SES PENYES

| | |
|---|---|
| ⊘ | **Time:** 45 min |
| ◓ | **Height climbed:** 50 m |
| Ⓓ | **Degree of difficulty:** medium-low |
| 🚲 | **Cyclability:** medium-difficult |

*Walk to a beautiful viewpoint over the longest beach of the island.*

*Access to the starting point: at the entrance of Son Bou, there is a car park on the right hand side.*

From the car park, follow the Camí de Cavalls walking for 50 meters on the road (towards Alaior) and taking the first street on the right. After 20 meters, turn left and go up to a pass (10 min). Go to the right uphill along a wide path and, at its end (10 min), take a narrow path to the top of the cape. Enjoy the superb views over Cala de Llucalari and Platja de Son Bou before going back down the same way you came.

## Q. BARRANC DE CALA EN PORTER – TORRE D'EN GALMÉS

| | |
|---|---|
| ⊘ | **Time:** 3 hr |
| ◓ | **Height climbed:** 120 m |
| Ⓓ | **Degree of difficulty:** medium-low |
| 🚲 | **Cyclability:** medium-easy |

*This walk along a beautiful gorge links the tourist resort of Cala en Porter with the biggest megalithic site of the island.*

*Access to the starting point: from the main street of Cala en Porter, turn right towards the beach. To the right of Hotel Aquarium, there is a car park with an informative noticeboard about the Camí de Cavalls.*

Walk towards the gorge bordering the fruit orchards. Cross a dirt track, go up around zigzag bends and walk underneath cliffs enjoying views over the gorge. The path comes out onto a paved track where you keep walking in the same direction.

The track crosses a stream and climbs gently to the flat fields above the gorge. After a gate, turn right on a dirt track and, shortly afterwards (300m), leave the Camí de Cavalls to your left and keep straight on to reach the archaeological site of Torre d'en Galmés (1km). Go back the way you came.

# R. BINIPARRATX – BINIDALÍ

| | |
|---|---|
| 🕐 | **Time:** 2 hr |
| ⬤ | **Height climbed:** 50 m |
| Ⓓ | **Degree of difficulty:** medium-low |
| 🚲 | **Cyclability:** medium-easy |

*Access to the starting point: from Sant Climent, take the road to Binissafúller/ Binibéquer. Turn left at the sign 'Campament de Biniparratx' and park after 300 meters, at the place where the Camí de Cavalls crosses the paved track.*
Follow the track to its end (1 km) and keep straight on, taking a cobbled path which leads you to a paved road near the airport (15 min). Turn left, and after 1700 meters, go left on the Camí Vell de Binidalí which, after a house, narrows and is overgrown. When it widens again, turn left following the Camí de Cavalls and, at a white house (Binidalí de sa Cala), go to the right. After 150 meters, there is a choice of two paths:

- If you want to go back directly to your car, follow the Camí de Cavalls turning left and crossing the Barranc de Biniparratx (20 min).
- If you want to go to the cove of Biniparratx, keep straight on. The track comes out onto the road (10 min) where you turn left and, at the small car park (5 min), right to the cove (5 min). Go back the same way to the car park and take the road to the right. After 300 meters, go to the left to the car park.

# S. PUNTA PRIMA – CALA DE RAFALET – CALA DE SANT ESTEVE

### Return along interior footpaths

| | |
|---|---|
| 🕐 | **Time:** 5hr 30min |
| ⬤ | **Height climbed:** 200 m |
| Ⓓ | **Degree of difficulty:** medium |
| 🚲 | **Cyclability:** medium-easy (difficult between Punta Prima and Cala Alcalfar) |

### *Varied hike on coastal and interior paths. Cala de Rafalet is worth visiting.*

Take stage 19 of Camí de Cavalls from Punta Prima to Cala de Sant Esteve (see the section on the GR 223). From there, go back to the last junction (to the left is Villa Eugenia), turn right and follow route A5 of this section.

# Mountain biking

*With a mountain bike, you can cycle along most of the hikes described in the previous section. However, please walk your bike when going the wrong way down a one way street.*

## B. MOUNTAIN BIKING

### B1.- Visit of Maó

 **Distance:** 6 km

**Height climbed:** 100 m

 **Ciclabilidad:** easy

*This route combines the highlights of Maó (Port, historic centre) with the pretty chapel of Sant Joan des Vergers.*

Set off from Plaça Abu Umar (last roundabout of the Ronda de Maó on the way to Es Castell). Take Avinguda Fort de l'Eau, keep straight on at the first roundabout and at the next turnoff, turn right. Follow Passeig Marítim (which is located above the cliffs) and at Plaça de la Miranda, head towards the town centre where you come to Plaça d'Espanya. Here, you can explore the Església del Carme church, the nearby streets Sant Crist, Hannover, Església and the Parc des Freginal, a nice garden. From Plaça d'Espanya cycle towards Plaça de la Conquesta and Plaça de la Constitució where you take carrer d'Isabel II. Go around the church of Sant Francesc (which houses the Museu de Menorca) and downhill on Costa de ses Piques. Turn left at the seaside, cycle along the road Me-7 and at the roundabout, take the third exit (Camí de Baix de Sant Joan) to the chapel. Turn left on Camí de Dalt, cross the ring road and, at carrer Fornells, turn left. When the street veers right, take a flight of steps to the left and at Costa de ses Piques, turn the left. Turn left again at the seaside and cycle along it as far as possible. Return at El Fonduco and take Costa de Cala Figuera or Corea to reach the starting point.

### B2.- Gràcia – Trepucó – Torelló – Sant Joan des Vergers – Gràcia

 **Distance:** 12 km

**Height climbed:** 100 m

 **Ciclabilidad:** medium-easy

*Along paths, tracks and roads, visit the most interesting places around Maó: the chapels of Gràcia and Sant Joan, the archaeological sites of Trepucó and Torelló and the hamlet of Llucmaçanes.*

From the Ronda de Maó, turn off the roundabout in the direction of 'Cementeri /Trepucó' and pass the Ermita de Gràcia (besides the cemetery). After 700 meters, turn left and shortly afterwards, turn right. Pass the ruins of Trepucó and at the junction (400 m), turn right and at the next one (700m), right again. Follow the road from Sant Lluís to Maó and turn left towards the restaurant 'El Picadero'. Cycle along a track and turn right on Camí de Darrere Malbúger Vell. Ignore the forks, cross a road and take Camí d'en Claudis. Cross the access road to Llucmaçanes (worthy detour), the Me-12 and the Me-14. An unpaved track leads to a paved one where you go for several meters to the right and turn left on Camí de Torelló. Pass by the tall talaiot de Torellonet Vell and the old church Fornàs de Torelló and at the next junction, turn right, leaving the bike route to the left. At the Me-1, keep straight on and follow a beautiful path. At its end, turn right and ignoring all turnoffs, come to the Ermita de Sant Joan des Vergers. In front of it, go uphill on Camí de Dalt de Sant Joan, cross a road and once inside Maó, take the streets Santa Victòria and sa Rovellada de Dalt. When you reach carrer de ses Moreres, take it for several meters to the left and turn right on carrer Cós de Gràcia which leads back to the starting point.

### B3.- Gràcia – Trepucó – Llucmaçanes – Torret – Trebalúger – Gràcia

| | |
|---|---|
| 🚲 **Distance:** 16 km | |
| ⚫ **Height climbed:** 100 m | |
| 🚲 **Ciclabilidad:** medium-easy | |

*Discover the interesting area between Maó and Sant Lluís where you find the archaeological sites of Trepucó, Binissafúller and Trebalúger.*

From the Ronda de Maó, turn off the roundabout towards 'Cementeri/Trepucó' and pass the Ermita de Gràcia (besides the cemetery). After 700 meters, turn left and shortly afterwards, turn right. Pass the ruins of Trepucó and at the junction (400 m), turn right and at the next one (700m), right again. Follow the road from Sant Lluís to Maó and turn left towards the restaurant 'El Picadero'. Follow the track, ignoring all forks, to Llucmaçanes, where you go towards the church. To the right of the church cycle along Camí de Biniati, a beautiful path which leads onto a paved road. Turn left and when it veers left, carry straight on, on a narrow path (to the left of the 'Son Marroxet' sign) that ends in a road where you should turn left. At the archaeological site of Binissafullet, turn left (towards Sant Lluís) and, after 1200 meters turn right towards Torret. Cross the road from Sant Lluis to Punta Prima and take the Camí des Consell. When it veers left, turn right on Camí de sa Sínia to the end where you cycle to the left along Camí de ses Cases Velles. Follow the bike route towards Es Castell (right) as far as the Camí de sa Torre (worthy detour to talaiot de Trebalúger keeping straight on for 50 meters and turning left). Turn right and at the end of Camí de sa Torre onto Camí de Rafalet, cross the road and cycle along a narrow foot-path. At the paved road, turn right and at a crossroads, left towards Maó.

### B4.- Route of the archaeological sites: Gràcia – Trepucó – Torellonet – Talatí de Dalt – Torralba d'en Salord – Alaior – Maó

| | |
|---|---|
| 🚲 **Distance:** 30 km | |
| ⚫ **Height climbed:** 300 m | |
| 🚲 **Ciclabilidad:** medium-easy | |

*Through magnificent landscapes, this route leads to some of the most important archaeological sites of the island.*

Follow route B2 to Camí de Torelló. At the junction, located 800 meters beyond the car park of the Basílica Paleocristiana, turn left following a bike route towards Alaior. An unpaved track leads to a paved one where you turn left, passing by the archaeological site of Talatí de Dalt. At the next junction, turn right and once near the Me-1 to the left. Shortly afterwards, take an unpaved track which leads to the road from Cala en Porter to Alaior. Turn right, passing the ruins of Torralba d'en Salord and in Alaior, go to the cemetery where you take the Camí d'en Kane back to Maó.

### B5.- Camí d'Addaia – S'Hort des Lleó

| | |
|---|---|
| 🚲 | **Distance:** 6 km |
| ◐ | **Height climbed:** 50 m |
| 🚴 | **Ciclabilidad:** medium-easy |

*For a longer route, start in Es Grau and follow the second stage of Camí de Cavalls. At the Favàritx's road, turn left and, after 5 kilometres, find the Camí d'Addaia on the right.*

*Access to the starting point: from the Me-7, take the Cf-1 (Favàritx's road) and after 2300 meters, find the Camí d'Addaia on your left.*

Take it until you reach the locked gate of Mongofra Vell where you turn left on Camí de Cavalls. Cross the abandoned evaporation ponds and follow the inlet of Port d'Addaia as far as you like.

### B6.- Around Ciutadella

| | |
|---|---|
| 🚲 | **Distance:** 20 km |
| ◐ | **Height climbed:** 100 m |
| 🚴 | **Ciclabilidad:** easy |

*Visit of the most interesting places around Ciutadella: Punta Nati, Cala en Blanes, the inlet of the Port and the historic centre.*

From the car park besides the Cementeri Vell, go towards the centre taking carrer Sant Antoni Mª Claret and Camí de Maó. At Avinguda de la Constitució (Contramurada) turn right and cycle along carrer Francesc de Borja Moll and Camí de Son Salomó till the ring road where you should carry straight on. The road to the lighthouse of Punta Nati goes through an interesting landscape riddled with drystone cattle huts. Go back to the ring road and turn right to Cala en Blanes. At its entrance roundabout, turn left on a street that leads to the pretty Camí de sa Farola. After the ferry station, go down to the harbour where you take the Costa des Moll uphill to Plaça des Born. Turn right to the fortress Castell de Sant Nicolau and left along Passeig Marítim. At the roundabout, take the bike lane of carrer Mallorca which leads to Plaça des Pins. Turn right to Plaça des Born where you see the City hall on the left and three palaces on the right. Between two of them, the carrer Major des Born starts and crosses the historic centre. Along it, you find the Cathedral and around it, other churches and palaces, the market and the Museu Diocesà. At its end, take Camí de Maó which leads back to Cementeri Vell.

### B7.- Ciutadella – Cala en Turqueta – Cala Galdana – Barranc d'Algendar – Ciutadella

| | |
|---|---|
| 🚲 | **Distance:** 40 km |
| ◐ | **Height climbed:** 300 m |
| 🚴 | **Ciclabilidad:** medium-easy |

*You will enjoy two of the most magnificent landscapes on the island: The coves of the southwest coast and the gorges of Barranc d'Algendar.*

From the car park besides the Cementeri Vell, take carrer d'Alfons V to the roundabout of Camí de Sant Joan de Missa which leads to the ring road and to the chapel. From there, cycle along the paved road to the car park of Cala en Turqueta and the track to the beach. Follow stage 13 of Camí de Cavalls to Cala Galdana and then, take the road Me-22 towards Ferreries.

Shortly before the roundabout of the Me-1, turn left on Camí Reial, signpost-ed as a bike route. Cross the magnificent gorge of Barranc d'Algendar with a permanent stream and go by the archaeological site of Torretrencada and the interesting quarries "Pedreres de s'Hostal" (worthy detours). Shortly afterwards, drive underneath the ring road and keep straight on to the Cementeri Vell.

## B8.- Es Migjorn Gran – Binigaus – Cala Galdana

**Distance:** 14 km

**Height climbed:** 400 m

**Ciclabilidad:** medium

*This route crosses forests and gorges on the way to Cala Galdana.*

Follow route M ('Hiking in Menorca' section) to Platges de Binigaus. Before arriving to the beach, turn right on Camí de Cavalls. Through holm oak and pine forests, the path crosses some tracks, gorges and the cove of Cala Mitjana to reach the tourist resort of Cala Galdana. From there, you could cycle further to Cala Macarella along Camí de Cavalls and then directly to Ciutadella, where you could take the signposted bike route to Ferreries.

## B9.- Son Mercer de Baix – Cova des Moro

**Distance:** 8 km (*go and back*)

**Height climbed:** 120 m

**Ciclabilidad:** medium-easy

*Short drive to an archaeological site located at a beautiful viewpoint.*

*Access to the starting point: take the Me-18 from Ferreries towards Es Migjorn Gran. Between K.1 and K.2, turn right on a dirt track (signed 'Son Mercer de Baix, Cova des Moro').*

Climb along it, passing the farm of Son Mercer de Dalt and shortly after Son Mercer de Baix, turn right. Walk uphill behind the ruins to enjoy the view over Barranc de sa Cova.

# THE BEST STAGES OF CAMÍ DE CAVALLS BY BIKE

**Stage 2:** Es Grau – Favàritx
A section of stage 5 between Arenal de Son Saura and the road Me-7
A section of stage 6 between Platja de Binimel·là and Cala Barril

**Stage 7:** with an alternative starting point at the car park of Cala del Pilar, as described in route F (section 'Hiking in Menorca')

**Stages 12 + 13:** Cap d'Artrutx – Cala Galdana

**Stage 14:** Cala Galdana – Sant Tomàs

**Stage 15:** Sant Tomàs – Son Bou

A **section of stage 16** across Barranc de Cala en Porter, as described in route Q

A **section of stage 19** between Cala Alcalfar and Cala de Sant Esteve

# Long-distance Trail - GR 223
# Camí de Cavalls (*Horse's Path*)

*For the 'Menorquins', the Camí de Cavalls is much more than a walkway because it belongs to their collective heritage. The origins of this old coastal path are unknown but it should have been built around the 16th century in order to defend the island against pirates raids. Since 1996 and after some demonstrations on its behalf, the government enacted a law and outlined a plan which resulted in the reopening of this important ethnological and historical heritage route. In 2010, the 185 km footpath had already been cleared and signposted in order that locals and visitors could enjoy it on foot, by bike or on horseback.*

## On foot

There are some drawbacks if you plan to walk the whole path: There isn't any accommodation at the end of most stages, camping isn't allowed and there aren't any water sources. On some sections, the villages are very far from each other and it's impossible to reach them on a day hike.

Hikers could walk it in 10 days but they would need two cars or call a taxi to go back to their hotel. We detail the access to the starting point for each stage so that you can walk them separately. If you just want to enjoy the most interesting stages (2, 5, 6, 7, 8, 12, 13, 14, 15, 19) as day hikes, see the section *'Hiking in Menorca'*.

## By bike

The logistics are easier for mountain bikers, who could cycle around the island in 4 or 6 days and sleep at different places along the way or in the surrounding area: Fornells, Ciutadella, Maó, Ferreries and Es Mercadal. From May to October, accomodation is also available in Arenal d'en Castell, Cala Morell and in many resorts of the southern coast. Even though it is possible for experienced cyclers to go back every night to the same accommodation, it is better to select at least one hotel in the east and another in the west of the island.

## Website

Download the GPS tracks, view more pictures and update this guidebook and the map on *www.gr223.info*

On the official website *www.elcamidecavalls.cat*, find more information that you could even download onto your mobile phone.

## Guided hikes

*www.rutasmenorca.com*/ Tel. 685 747 308/ *rutasmenorca@gmail.com*

## Organised mountain bike routes

*www.menorcasport.es* and *www.cavallsdeferro.com*/ Tel. 971 381 056 and 606 415 802/ *ruth@menorcasport.com*

# STAGE 1: MAÓ – ES GRAU

| | |
|---|---|
| ⏱ | **Time:** 2hr 45min |
| Ⓚ | **Distance:** 10 km |
| ◗ | **Height climbed:** 250 m |
| Ⓓ | **Degree of difficulty:** medium-low |
| 🚲 | **Cyclability:** easy (difficult in two short uphill sections) |

*Access to the starting point: go along the Port de Maó towards the interior of the island (W). Don't follow the road to Fornells (Me-7) but keep walking along the seafront (signposted as 'dead end') for 300 meters. The starting point is called 'sa Culàrsega' and is located at the bridge over the channel, not far from the power station.*

### 1.1.-Maó – Platja de Sa Mesquida

⏱ **Time:** 1hr 15min    Ⓚ **Distance:** 5 km

Keep walking in the same direction, cross a road and take the Me-3 towards Sa Mesquida. At the first junction (1km, first informative noticeboard) keep straight on and, at the next, turn left. After 1.5 kilometres, go again to the left and reach the beach car park.

### 1.2.-Platja de Sa Mesquida – Es Grau

⏱ **Time:** 1hr 30min    Ⓚ **Distance:** 5 km

Descend to the beach and go to the left. Turn right on a dirt track and follow it to a rocky cove (20 min, Macar de Binillautí). Cross it and, near a house, take an uphill path which drops down in 20 minutes to another cove. From there, the path leads to the interior, leaves a farmhouse to the left and comes out onto the Me-5 (40 min). Follow it to the right for 700 meters until K.6.

# STAGE 2: ES GRAU – FAVÀRITX

| | |
|---|---|
| ⏱ | **Time:** 2hr 45min |
| Ⓚ | **Distance:** 8,6 km |
| ◗ | **Height climbed:** 250 m |
| Ⓓ | **Degree of difficulty:** medium-low |
| 🚲 | **Cyclability:** medium-easy |

**This is one of the most beautiful stages of the Camí de Cavalls: You will enjoy the views over wetlands, coves and the 'moon' landscape of the Cap de Favàritx.**

*Access to the starting point: set off from K.6 of the Me-5 near Es Grau.*

### 2.1.-Es Grau – Cala de sa Torreta

⏱ **Time:** 1 hr    Ⓚ **Distance:** 3,6 km

The wide path crosses the forest to the end of the beach (15 min) and climbs gently. Turn left on an uphill forested path and, from a good viewpoint, go to the right walking downhnhill to Cala des Tamarells (20 min). Cross it, turn left and take a track to the right to the next cove (20 min, Cala de sa Torreta).

### 2.2.-Cala de sa Torreta – Favàritx

🕐 **Time:** 1hr 45min     **Distance:** 5 km

Turn to the right on a path, leave a house to the right and take another track. At the next turnoff, go to the right and leave the track, walking on a sandy path. At the end of the cove, go up taking a stony track which leads to the interior and turns left. The path goes back to the coast (45 min, Cala en Cavaller), veers left, crosses two tracks and goes up and down to the Platja d'en Tortuga (30 min). After it, walk uphill and take a track to the right which leads to the road of Cap de Favàritx (30 min).

# STAGE 3: FAVÀRITX – ARENAL D'EN CASTELL

| | |
|---|---|
| 🕐 | **Time:** 4hr 15min |
|  | **Distance:** 13,6 km |
| ◑ | **Height climbed:** 300 m |
| Ⓓ | **Degree of difficulty:** medium-low |
| 🚲 | **Cyclability:** difficult in many sections between the Favàritx road and the Camí d'Addaia |

*Access to the starting point: the stage starts on the road Cf-1, 600 meters before the gate of the Favàritx lighthouse. On the right side, you find the informative noticeboard.*

### 3.1.-Favàritx – Pou d'en Caldes

🕐 **Time:** 50 min     **Distance:** 3,1 km

Take the road towards Maó, pass a cattle grid (after 1400 m) and 500 meters further on, turn right. The dirt track narrows, drops down and comes out onto a track, near a white house, where you go to the left.

### 3.2.-Pou d'en Caldes – Camí d'Addaia – Salines de Mongofra

🕐 **Time:** 1hr 25min    **Distance:** 4 km

After a few meters, leave the track, turn right and take a footpath which goes up and down. At the next track (15 min) turn left and, in front of a gate, turn right following a boundary wall. After you leave it, go to the left at a junction and reach a good track (45 min, Camí d'Addaia) where you turn right. At the gate of Mongofra Nou, go to the left, cross a bridge and arrive at the abandoned salt evaporation ponds (30 min).

### 3.3.-Salines de Mongofra – Addaia – Arenal d'en Castell

🕐 **Time:** 2 hr    **Distance:** 6,4 km

Walk between the channels and come to the seafront of the inlet Port d'Addaia. Go to the left and, after a steep climb, again to the left. Take a track to the right that you leave shortly afterwards turning right on a path which goes through several gates. At the first turnoff in the housing estate of Addaia, keep straight on and, at the main street, go to the left. Cross the Me-9, take the road to 'Coves Noves' and, at the roundabout and at the next junction, keep walking in the same direction. At the main road, turn left and, at the entrance of Arenal d'en Castell, to the left again taking the Avinguda de s'Arenal. After the taxi stop (there is a tall hotel to the left), go to the right down steps to the Plaça de la Mar and, from there, to the left along Via de Ronda. At a sharp left bend, take a track to the right where you see the informative noticeboard.

# STAGE 4: ARENAL D'EN CASTELL – CALA TIRANT

🕑 **Time:** 3 hr

🚴 **Distance:** 10,8 km

◑ **Height climbed:** 140 m

ⓓ **Degree of difficulty:** medium-low

🚲 **Cyclability:** easy (difficult during the first 15 minutes)

*Access to the starting point: at the entrance of Arenal d'en Castell, turn left and follow the Avinguda de s'Arenal until a sharp right bend (after Apartaments Arepar) where you go to the left taking a track.*

### 4.1.-Arenal d'en Castell – Urb. Son Parc – Arenal de Son Saura

🕑 **Time:** 45 min        🚴 **Distance:** 2,5 km

The rocky path comes in 15 minutes to an street of Son Parc that you take to the right. Follow the signs 'Totes direccions' and, after the hotel 'Sol Parc', turn right towards Arenal de Son Saura. Pass the shopping mall, go to the right on a dirt track and, at the car park, keep left and look for a gate.

### 4.2.-Arenal de Son Saura – Road Me-7

🕑 **Time:** 1hr 30min        🚴 **Distance:** 5 km

There are many turnoffs in this section but the wrong tracks are signposted with 'Prohibido el Paso'. Follow the wide forest path, turn left at the first fork and right at the second. At the next junction, leave a track to the right and, shortly afterwards, go to the left. Keep straight on a crossroads and turn right at the next two forks. Near the house of Cap des Port, take a track to the right and reach the Me-7.

### 4.3.-Road Me-7 – Cala Tirant

🕑 **Time:** 1hr 25min        🚴 **Distance:** 4 km

Take the road to the right and, at the roundabout with the Me-15, turn right. At the next junction, go to the left towards 'Cala Tirant /Platges de Fornells' and, at this tourist resort, walk in the direction of 'Platges'. Go down to the right side (E) of the beach where you find the informative noticeboard.

# STAGE 5: CALA TIRANT – BINIMEL·LÀ

⊘ **Time:** 2hr 45min

Ⓚ **Distance:** 9,6 km

◐ **Height climbed:** 30 m

Ⓓ **Degree of difficulty:** medium

Ⓖ **Cyclability:** medium (difficult around Platja de Cavalleria and Binimel·là)

*This stage connects some of the most idyllic northern coves: Tirant, Cavalleria and Binimel·là.*

*Access to the starting point: set off from the right side (E) of the beach of Cala Tirant.*

### 5.1.-Cala Tirant – Sanitja

⊘ **Time:** 1hr 30min    Ⓚ **Distance:** 4,7 km

Cross the first beach and take the steps to the second one. At its end, go up to a track, turn left and, after 100 meters, turn right. Shortly afterwards, go to the right and, at the next turnoff, again to the right towards the coast. Walk along the coastal path bordering some stony coves and reach a shed, where you take a paved track for a few meters. Leave it turning right and come out onto the road of Cap de Cavalleria (Cf-3), near the Roman ruins of Sanitja.

### 5.2.-Sanitja – Binimel·là

⊘ **Time:** 1hr 15min    Ⓚ **Distance:** 4,9 km

Take the road to the left and turn right at the car park of the Platja de Cavalleria (1300 m). Go through a gap in a wall and walk downhill to this beautiful beach (10 min). Go along it and, then, take the coastal path which goes through a gate and drops down to Cala Mica (20 min). The path ascends, leaves a small cove to the right, climbs steeply near a wall and descends to Platja de Binimel·là.

# STAGE 6: BINIMEL·LÀ – ELS ALOCS

⊘ **Time:** 3hr 15min

Ⓚ **Distance:** 8,9 km

◐ **Height climbed:** 500 m

Ⓓ **Degree of difficulty:** medium-high

Ⓖ **Cyclability:** difficult between Cala Barril and Els Alocs

*This is the most isolated and strenuous stage of the Camí de Cavalls and it passes the magnificent coves of Binimel·là, Pregonda and Calderer.*

*Access to the starting point: You reach Binimel·là from Es Mercadal or Fornells. At the car park, take the wide path to the left of the restaurant and, in 5 minutes, turn left to the beach. The informative noticeboard is on its right side (E).*

### 6.1.-Binimel·là – Cala Pregonda

🕐 **Time:** 25 min          Ⓚ **Distance:** 1,8 km

Cross the beach to the left, go up a few minutes to Pla Vermell (10 min) and, after a rocky cove, walk downhill to the first beach of Cala Pregonda. Ascend a little bit, take a track and go down towards the second beach.

### 6.2.-Cala Pregonda – Cala en Calderer

🕐 **Time:** 1hr 15min          Ⓚ **Distance:** 3,5 km

Leave the beach to the right and, when the track veers right, keep straight on a footpath which borders some fields. Go over a pass and walk downhill to Cala Barril (15 min). Cross the paved road and the rocky cove and climb steeply on a narrow footpath with superb views. It follows the coastline, going up and down, through red and black landscapes, and drops down to Cala en Calderer.

### 6.3.-Cala en Calderer – Els Alocs

🕐 **Time:** 1hr 30min          Ⓚ **Distance:** 3,6 km

Take the path uphill at the other side of the cove, where it goes through a gate and veers right. In a few minutes, it drops down to Cala Moragues (20 min) and leaves the coast to reach the highest point of the Camí de Cavalls at 125 meters (30 min). Walk downhill following a boundary wall, ascend between two walls and go down to the cove of Els Alocs.

# STAGE 7: ELS ALOCS – ALGAIARENS

| | |
|---|---|
| 🕐 | **Time:** 2hr 30min |
| Ⓚ | **Distance:** 9,7 km |
| ◗ | **Height climbed:** 200 m |
| Ⓓ | **Degree of difficulty:** medium-low |
| 🚲 | **Cyclability:** medium- easy (difficult between Els Alocs and Macar d'Alforinet) |

*Nice walk along a varied landscape of forests, rugged coastline and farm fields.*

*Access to the starting point: the Camí dels Alocs starts at K.31.5 of the Me-1 and is paved until a pass (5km). The last section is an unpaved track unsuitable for a normal car.*

### 7.1.-Els Alocs – Cala del Pilar – Macar d'Alforinet

🕐 **Time:** 50 min          Ⓚ **Distance:** 2,7 km

Go to the left of the cove (W), walk uphill along the coast and cross two small coves (15 min). On an uphill sandy path, leave to the right the way to Cala del Pilar (5 min) and keep straight on to a transversal path (15 min) where you turn right. It goes through a gate, veers right and drops down to the next cove (20 min).

### 7.2.-Macar d'Alforinet – Algaiarens

🕐 **Time:** 1hr 40min          Ⓚ **Distance:** 7 km

Cross it, go to the left and take a forest path that climbs gently to a pass (25 min). On the way down, 30 meters after a gate, there is a water source on the right side. Take a track and, at the next two junctions, turn right. Go up a path

(20 min) and go through two walls and one gate where the path veers right. In a few minutes, leave the fields and choose the forest track to the right. After another gate, turn left, walk on a cobbled section, pass a water cistern and go down to a good track (30 min). At the next turnoff (10 min), go to the right and, after a few meters, again to the right. In five minutes, turn left and come to the informative noticeboard for stage 8 at the car park of Cala d'Algaiarens (5 min).

## STAGE 8: ALGAIARENS – CALA MORELL

| ⏱ | **Time:** 1hr 50min |
|---|---|
| 🚴 | **Distance:** 5,4 km |
| ◗ | **Height climbed:** 150 m |
| Ⓓ | **Degree of difficulty:** medium-low |
| 🚴 | **Cyclability:** difficult between Cala de ses Fontanelles and Codolar de Biniatram |

*Along this stage, the forests turn into scrubland when you reach the 'Dry Menorca'. In Cala Morell you could visit the rock carved burial caves (1500- 300 BC).*

*Access to the starting point: from the northern ring road of Ciutadella, take the road of Cala Morell and, after 5 kilometres, the one to Algaiarens / La Vall to the car park (5 km), located near a beautiful beach.*

### 8.1.-Algaiarens – Codolar de Biniatram

⏱ **Time:** 35 min          🚴 **Distance:** 1,7 km

From the informative noticeboard, cross the car park to the left and take an uphill track. At the junction (5 min), turn right, walk downhill and go through a gate to Cala de ses Fontanelles (15 min). At its left side, take a coastal path which climbs to a pass (7 min) and drops down to Codolar de Biniatram (8 min).

### 8.2.-Codolar de Biniatram – Cala Morell

⏱ **Time:** 1 hr          🚴 **Distance:** 3,7 km

The path veers right, goes through a gate and follows a boundary wall, far from the coastline. Pass a water cistern (20 min) and reach the housing estate of Cala Morell (15 min). Take the third street to the left (Via Lactia) which veers right and comes out onto a roundabout. Go to the right (Carrer d'Orió), pass the burial caves (15 min, worth visiting) and turn left uphill on Carrer Lira. In two minutes, there is the informative noticeboard for stage 9 on the right hand side.

## STAGE 9: CALA MORELL – PUNTA NATI

| ⏱ | **Time:** 1hr 45min |
|---|---|
| 🚴 | **Distance:** 7 km |
| ◗ | **Height climbed:** 100 m |
| Ⓓ | **Degree of difficulty:** medium |
| 🚴 | **Cyclability:** medium-difficult |

*Access to the starting point: at the entrance roundabout of Cala Morell, go to the left (Carrer d'Orió), pass the burial caves and turn left uphill on Carrer Lira. In two minutes, there is the informative noticeboard for stage 9 on the right hand side.*

Go through a gate and turn right towards the coast (5 min) where you go to the left walking along the cliffs. Follow a boundary wall (10 min) to the left, pass a restored cattle hut and, at the junction (10 min) walk to the left for 30 meters. Take a track to the right which, after a water cistern (20 min), narrows and becomes quite stony. Cross a dry stream, leave to the right a monument for a sunken ship and reach the road to the lighthouse of Punta Nati.

# STAGE 10: PUNTA NATI – CIUTADELLA

| | |
|---|---|
| ⊘ | **Time:** 3 hr |
| ⓀⓂ | **Distance:** 10,5 km |
| ◕ | **Height climbed:** 200 m |
| Ⓓ | **Degree of difficulty:** medium |
| ⊗ | **Cyclability:** difficult between Punta Nati and Calespiques |

*Access to the starting point: it is located on the road Cf-5, 7 kilometres to the north of Ciutadella and 300 meters before the lighthouse of Punta Nati.*

### 10.1.-Punta Nati – Calespiques

⊘ **Time:** 1hr 30min    ⓀⓂ **Distance:** 5 km

After you start hiking on the flat and rocky plateau, you could see Mallorca on the horizon. Go through two gates (20 min), pass a water cistern and, in 20 minutes, walk uphill. Go down to a building (30 min) where you take a paved road for 300 meters. Turn right, walk along the coast (look for the Pont d'en Gil, a rocky peninsula pierced with a hole) and arrive at Calespiques (20 min).

### 10.2.-Calespiques – Ciutadella

⊘ **Time:** 1hr 30min    ⓀⓂ **Distance:** 5,5 km

Take the left street and, after 700 meters, turn right. At the roundabout, go to the left along a street that leads to the beach of Cala en Blanes. Cross it, go to the right and take the steps uphill. Turn right on a nice promenade along the coast and walk for two kilometres. 100 meters after the ferry station, at a car park, find the informative noticeboard for stage 11.

# STAGE 11: CIUTADELLA – CAP D'ARTRUTX

| | |
|---|---|
| ⊘ | **Time:** 3hr 30min |
| ⓀⓂ | **Distance:** 13,2 km |
| ◕ | **Height climbed:** 50 m |
| Ⓓ | **Degree of difficulty:** medium between Cala Blanca and Cap d'Artrutx |
| ⊗ | **Cyclability:** medium-difficult between Cala Blanca and Cap d'Artrutx |

*Access to the starting point: set off from the car park and viewpoint over Port de Ciutadella located near the town centre and besides the ferry station.*

### 11.1.-Ciutadella – Cala Blanca

🕑 **Time:** 2hr 30min    🚏 **Distance:** 9,5 km

From the car park, the Camí de Cavalls makes a long detour which is important for horses and bicycles. If you go on foot or push your bike for 50 meters, you can take this shorter way: Walk towards the town centre, turn right to the harbour and cross the bridge. Go up the steps on the left and, at Carrer de sa Muradeta, go to the right to Plaça des Born. Keep on its right, go by the bus station (located at nearby Plaça de s'Esplanada or Plaça dels Pins) and turn left along Carrer Mallorca following a bike lane. At the next two roundabouts go towards Son Oleo and the new ferry station. Shortly afterwards, leave the street and walk towards the watchtower. Turn left before reaching it, go down to a tiny beach, cross it and take the steps to the street. Follow the coastline to Cala Santandria and the streets in Cala Blanca to reach its beach. After it, turn right on Avda. Llevant and, at a sharp left bend, leave the street and walk along the coast.

### 11.2.-Cala Blanca – Cap d'Artrutx

🕑 **Time:** 1 hr    🚏 **Distance:** 3,7 km

Go through three gates, come to Marina de S'Olivaret (30 min) and, in 15 minutes, find the informative noticeboard for stage 12.

# STAGE 12: CAP D'ARTRUTX – CALA EN TURQUETA

🕑 **Time:** 3hr 25min

🚏 **Distance:** 13,3 km

 **Height climbed:** 120 m

 **Degree of difficulty:** medium-low

 **Cyclability:** medium-difficult

*This beautiful stage links Cala en Bosc with the idyllic beaches of Son Saura and Cala en Turqueta. See route J ('Hiking in Menorca' section) if you prefer shorter hikes along this stage.*

*Access to the starting point: right at the entrance of the tourist resort of Cap d'Artrutx, turn right (sign 'Miradors, urb. Cap d'Artrutx') and park after 300 meters. An informative noticeboard is located further to the right.*

### 12.1.-Cap d'Artrutx – Platja de Cala en Bosc

🕑 **Time:** 40 min    🚏 **Distance:** 3 km

From the noticeboard, go to the street and turn right (S) to the lighthouse of Arrutx (20 min). A few meters further on, go to the right on Paseo Marítimo and, in Cala en Bosc, cross the bridge to the right. Keep straight on to reach the beach (20 min).

### 12.2-Platja de Cala en Bosc – Platges de Son Saura

🕑 **Time:** 1hr 30min    🚏 **Distance:** 5,3 km

Cross it, go to the right and walk along the coast to Platja de Son Xoriguer (15 min). At its opposite side, take the coastal path which goes by the Cova des Pardals (20 min, it is an underground access to the sea) and follows the coastline to Platges de Son Saura.

### 12.3.-Platges de Son Saura – Cala en Turqueta

🕐 **Time:** 1hr 15min     🏍 **Distance:** 5 km

Cross both beaches and walk along the coast to Cala des Talaier (30 min). Behind it, follow the wall for several meters and turn right taking a rocky path by the sea. It drops down to a junction (45 min) where you go to the left. Go through a gap in the wall and downhill to Cala en Turqueta (5 min).

# STAGE 13: CALA EN TURQUETA – CALA GALDANA

🕐 **Time:** 2 hr

🏍 **Distance:** 6,4 km

◖ **Height climbed:** 200 m

Ⓓ **Degree of difficulty:** medium-low

🚲 **Cyclability:** medium-easy

*Along this stage, the Camí de Cavalls goes by the beautiful cove of Cala Macarella. A short worthy detour leads to Cala Macarelleta. See route J ('Hiking in Menorca' section) if you prefer shorter hikes along this stage.*

*Access to the starting point: at the southern ring road of Ciutadella (RC-2) take the road towards Sant Joan de Missa and, from there, keep straight on to the car park (10km). Walk along the track to the beach where you find an informative noticeboard.*

### 13.1.-Cala en Turqueta – Cala Macarella

🕐 **Time:** 45 min     🏍 **Distance:** 2,8 km

Take an uphill path, go to the left at the first turnoff (5 min) and to the right at the next one (10 min). The downhill track comes to an important junction (7 min): Keep straight on if you want to visit the marvellous Cala Macarelleta (2 min) and, from there, go along the coastal path to Cala Macarella (15 min). Turn left at the junction if you want to follow the Camí de Cavalls to Cala Macarella (10 min).

### 13.2.-Cala Macarella – Cala Galdana

🕐 **Time:** 45 min     🏍 **Distance:** 2,6 km

At the other side of the beach, go up on the path (or take a flight of steps) to the top of the cliffs and walk across the forest where several viewpoints are signposted. Leave a wall to the left and go down to Cala Galdana.

### 13.3.-Cala Galdana – End of the stage 13

🕐 **Time:** 20 min     🏍 **Distance:** 1 km

Keep straight on, cross the pedestrian bridge to the right and walk behind the beach. At the Red Cross station, go to the left and, after 150 meters, to the right. Turn right on Avinguda de sa Punta and take the second street on the left (Carrer del Camí de Cavalls). At the end of it, you find an informative noticeboard.

## ETAPA 14: CALA GALDANA – SANT TOMÀS

🕐 **Time:** 3 hr

🚗 **Distance:** 10,8 km

◐ **Height climbed:** 300 m

Ⓓ **Degree of difficulty:** medium-low

🚲 **Cyclability:** medium-easy

*Beautiful stage with two different sections: The coastal one which goes by the gorgeous Cala Mitjana and the second part through forests and gorges. See route L on the 'Hiking in Menorca' section for a circular hike along this stage.*

*Access to the starting point: at the entrance roundabout of Cala Galdana, take the left street (Av. de sa Punta) and turn at the third street on the left (Carrer del Camí de Cavalls) where you find an informative noticeboard.*

### 14.1.-Cala Galdana – Cala Mitjana

🕐 **Time:** 20 min          🚗 **Distance:** 1,3 km

The wide path goes to the left following a boundary wall, veers right in 5 minutes and comes out onto a junction where you turn left (2 min). One hundred meters further on, go to the right, walk on the downhill track and leave to the right the beach Cala Mitjana (10 min). Keep straight on, go down to the car park where you turn right and, after a few meters, to the left.

### 14.2.-Cala Mitjana – Barranc de sa Cova

🕐 **Time:** 45 min          🚗 **Distance:** 2,7 km

Walk uphill and, at the fork, turn left. After a cattle hut, go to the right, leave a path to the left and go through a gate. Cross two tracks and go down to Barranc de Trebalúger where there is a permanent stream. Keep straight on and cross the bridge in Barranc de sa Cova.

### 14.3.-Barranc de sa Cova – Sant Tomàs

🕐 **Time:** 1hr 45min          🚗 **Distance:** 6,8 km

At its opposite side, the path ascends in zigzag bends and comes out onto a track where you go to the left (15 min). In front of a locked gate, turn right on a flat path which descends to Barranc de sa Torre (30 min) and climbs gently to reach another track (15 min). Walk downhill through the holm oak forest, follow a wall and reach a track in Barranc de Binigaus (20 min). Go to the right and, in 3 minutes, cross the beach to the left and walk along the coast. At the beginning of the pedestrian walkway in Sant Tomàs, you find an informative noticeboard for stage 15 (20 min).

# STAGE 15: SANT TOMÀS – SON BOU

🕐 **Time:** 2 hr

🚗 **Distance:** 6,4 km

⚫ **Height climbed:** 50 m

🅳 **Degree of difficulty:** medium-low

🚲 **Cyclability:** medium-easy

*After a rocky coastal section, the stage borders the wetlands of Prat de Son Bou and comes to the tourist resort.*

*Access to the starting point: at the entrance's roundabout of Sant Tomàs, walk towards the coast and find an informative noticeboard on the left at the beginning of the pedestrian walkway.*

Walk along it and, at the end, turn right following a coastal path. It climbs to the top of the cliffs and comes out onto a dirt track (7 min). In 10 minutes, cross a bridge, leave the beach to the right and go to the left bordering the wetlands. At the house of Son Benet, turn left and reach the car park of a hotel. Take the street in your walking direction, turn left at the second street (Passeig Marítim) and, at the roundabout, keep straight on. At the end of the car park, on the left hand side, there is an informative noticeboard.

# STAGE 16: SON BOU – CALA EN PORTER

🕐 **Time:** 2hr 30min

🚗 **Distance:** 8 km

⚫ **Height climbed:** 190 m

🅳 **Degree of difficulty:** medium-low

🚲 **Cyclability:** easy (difficult between Son Bou and the paved track to Llucalari)

*The lonely cove of Llucalari and the lush Barranc de Cala en Porter are the highlights of this stage.*

*Access to the starting point: at the entrance of Son Bou, there is a car park on the right hand side where you find an informative noticeboard for Camí de Cavalls.*

### 16.1.-Son Bou – Cala de Llucalari

🕐 **Time:** 20 min          🚗 **Distance:** 1,2 km

Follow it, walking for 50 meters on the road (towards Alaior) and taking the first street on the right. After 20 meters turn left and go up to a pass (10 min). The path veers left, descends to the bottom of Barranc des Bec and leads to Cala de Llucalari (10 min).

### 16.2.-Cala de Llucalari – Cala en Porter

🕐 **Time:** 2hr 10min          🚗 **Distance:** 6,8 km

Go to the left and walk uphill along the next gorge which you leave in 10 minutes going to the right. Go through several gates and take a paved road to the left for 700 meters. Leave it turning right, cross a dry stream and, at the track, go to the right. After 350 meters, turn left ('Torrenova- private property') and, at the next turnoff, leave the main track and keep straight on. Walk downhill to the gorge of Barranc de Cala en Porter, cross a bridge and, 50 meters further on, turn right. A new path has been built at the bottom of the cliffs which has good views over the lush valley. Go down in zigzag bends, take a track to the right and reach the car park of Hotel Aquarium.

## STAGE 17: CALA EN PORTER – BINISSAFÚLLER

| | |
|---|---|
| 🕐 | **Time:** 3hr 45min |
| 🚗 | **Distance:** 11,8 km |
| ◑ | **Height climbed:** 200 m |
| Ⓓ | **Degree of difficulty:** medium |
| 🚲 | **Cyclability:** medium (difficult around the first gorge) |

*This stage crosses the lush gorges of Calascoves, ses Penyes and Biniparratx.*
*Access to the starting point: from the main street in Cala en Porter, turn right towards the beach. In front of Hotel Aquarium, there is a car park with an informative noticeboard.*

### 17.1.-Cala en Porter – Es Canutells

🕐 **Time:** 1hr 45min     🚗 **Distance:** 5,4 km

Take the street uphill and, at the main street, turn right. After the 'Apartaments Siesta Mar', go to the left (towards Zona Esportiva) and, at the end, again to the left. Go through a gate on the right and walk downhill to a dirt track. Cross it on a straight line following the bottom of the gorge for 100 meters and go up steeply to the right. On the flat plateau, the path goes through several gates, descends to the bottom of a gorge and leads to the picnic area of Es Canutells.

### 17.2.-Es Canutells – Binissafúller

🕐 **Time:** 2 hr     🚗 **Distance:** 6,3 km

Take the street to the right and turn left on Avda. des Canutells. Keep straight on at the end of the resort and walk along the access road. After 1800 meters, at a left bend, go to the right, through several gates and take a track to the left. Cross a road, turn left at the next turnoff and, shortly afterwards, take a path to the right which comes out onto a track. At a white house, go to the right along a track which you leave after 150 meters. Take a path to the left, go down to the Barranc de Biniparratx and cross a road on a straight line. Go down along a wall to the road.

## STAGE 18: BINISSAFÚLLER – PUNTA PRIMA

| | |
|---|---|
| 🕐 | **Time:** 2 hr |
| 🚗 | **Distance:** 8,1 km |
| ◑ | **Height climbed:** 100 m |
| Ⓓ | **Degree of difficulty:** low |
| 🚲 | **Cyclability:** easy except for two short sections |

*Access to the starting point: from Sant Climent, take the road to the housing estate of Cap d'en Font where you turn left towards Sant Lluís. After 400 meters, you have on your right hand side the car park of the Caló Blanc and, on the left (behind a gate) an informative noticeboard for stage 18.*

### 18.1.-Binissafúller – Binibèquer Vell

 **Time:** 30 min     **Distance:** 2 km

From the noticeboard, go through the gate and take the road to the left. At the end of Binissafúller, after the bridge, go to the right towards the beach and, at the right bend, turn left taking a path which starts behind a gap in the wall. It is quite rocky, has a good view over the cove and comes out onto a paved road. Keep straight on (Passeig de la Mar, forbidden direction for bicycles) and, before the 'Binibeca Club Resort', turn right. The public path borders the rooms of the hotel, goes to the left and leads to the harbour where you turn left uphill. When you reach the access road of Binibéquer Vell, go to the right crossing the beautiful tourist resort.

### 18.2.-Binibèquer Vell – Punta Prima

 **Time:** 1hr 30min     **Distance:** 6,1 km

At the end of it, keep walking in the same direction along Passeig Marítim de Binibéquer Vell and, after the roundabout, towards Binibéquer Nou and Cala Torret. Turn right along the pretty coastal road to Punta Prima and, when it veers left, go to the right to Son Ganxo. Shortly afterwards, turn right on Passeig de sa Marina and, before Carrer de sa Torre (signposted as a 'dead end'), take a rocky coastal path to Punta Prima (10 min). At the next junction, turn left and at the end of the beach, behind a gate, find the informative noticeboard for stage 19.

# STAGE 19: PUNTA PRIMA – CALA DE SANT ESTEVE

| | |
|---|---|
|  | **Time:** 2hr 15min |
|  | **Distance:** 7,3 km |
| | **Height climbed:** 70 m |
| **D** | **Degree of difficulty:** medium |
| | **Cyclability:** difficult between Punta Prima and Cala Alcalfar and near Cala de Sant Esteve |

*Although the main town of the island is nearby, this stage will surprise you. Beautiful narrow paths run along an unspoilt coastal section, crossing thinly populated areas and passing magnificent coves: one of them, the Cala de Rafalet is a worthy detour. See route S on the 'Hiking in Menorca' section for a circular hike along this stage.*

*Access to the starting point: at the entrance roundabout of Punta Prima, go towards the coast and turn left on 'Passeig de s'Arenal'. At the end of the beach, there is a gate and an informative noticeboard.*

### 19.1.-Punta Prima – Cala Alcalfar

 **Time:** 45 min     **Distance:** 2,7 km

Walk along the coast on a rocky path and, after 30 minutes leave the watch-tower of Alcalfar to the right and reach the cove (15 min).

### 19.2.-Cala Alcalfar – Cala de Sant Esteve

 **Time:** 1hr 30min      **Distance:** 4,6 km

Cross it heading left towards its access road and, at the next turnoff, turn left (forbidden direction for bicycles). At the main road, go to the left and, after K.9, turn right on Camí de Rafalet. Cross another road and keep straight on, ignoring all turnoffs. Go down on the wide path and, near the bottom of the valley, look for a gap in the wall on your right (for a worthy detour, go through it to Cala de Rafalet- 5 min). At the bottom of the valley, leave the wide path and take a narrow one to the left. After 6 gates and crossing 2 tracks keep straight on, walking along a beautiful cobbled path between walls. Take a paved road to the left for several meters and turn right on a narrow path which leaves to the right the access to 'Villa Eugenia' and leads down to Cala de Sant Esteve.

## ETAPA 20: CALA DE SANT ESTEVE – MAÓ

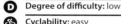

| | |
|---|---|
|  **Time:** 1hr 30min |
| **Distance:** 6 km |
| **Height climbed:** 50 m |
| **Degree of difficulty:** low |
| **Cyclability:** easy |

*Except for a short section of cobbled path, the last stage follows only paved roads before arriving to the historic centre of Maó.*

*Access to the starting point: set off from the car park of Fort Marlsborough, located before reaching Cala de Sant Esteve (near Es Castell). Cross the road, walk on a cobbled footpath and turn right. After 150 meters, you find an uphill path to the informative noticeboard.*

From the noticeboard, go down and take the paved street to the left along the seafront. When it veers right, go up on a cobbled path and, at the access road, turn left. At the first junction, go to the left towards Es Castell and, in this village, keep straight on. At the entrance roundabout of Maó, take the street to the left of the petrol station (Camí des Castell, forbidden direction for bicycles) which leads to Plaça d'Espanya. Go to the left to Plaça de la Constitució and Carrer d'Isabel II. After the Museu de Menorca, walk downhill to the seafront (Costa de ses Piques) and turn left to Sa Culàrsega (located at the bridge over the channel, not far from the power station).

Torre d'Alcalfar

# ACCOMODATION AND USEFUL ADRESSES

In the tourist resorts, most hotels are open only from May to October. The following budget hotels are open all year round.

**Maó:**  Hostal Jume - Tel. 971 363 266 - *reservas@hostaljume.com*
**Fornells:**  Hostal S'Algaret - Tel. 971 376 552 - *reservas@hostal-salgaret.com*
Hostal Residència Port Fornells - Tel. 971 376 373 - *reservas@hostal-portfornells.com*
**Es Mercadal:**  Hostal Jeni - Tel. 971 375 059 - *info@hostaljeni.com*
**Ferreries:**  Aparthotel Loar - Tel. 971 374 181 - *www.loarferreries.com*
**Ciutadella:**  Hotel Alfons III - Tel. 971 380 150 - *halfonso@supersonik.com*
                 Hostal Ciutadella - Tel. 971 383 350

The two campsites: *www.campingsonbou.com* and *www.campingsatalaia.com* are closed in the low season.

## Useful addresses
There are tourist offices in Maó, Ciutadella, Fornells and at the airport (Info Menorca - Tel. 902 929 015).

### Safety, health and mountain rescue
* Emergencies – Tel. 112
* Medical emergencies – Tel. 061

### Hiking groups
The Environmental Group GOB is based in Maó at the King's Mill, a restored British building. You can visit it during office hours and find useful information on hiking and the nature of the island (Camí des Castell, 53 - Tel. 971 350 762). The GOB also organises hikes and manages the 'Centre de la Natura' in Ferreries, which has a permanent exhibition about the nature on Menorca and temporary exhibitions on environmental topics (Tel. 971 374 505). The office in Ciutadella can be contacted at Tel. 971 386 322.

### Websites
* On the official website: *www.elcamidecavalls.cat*, find more information that you could even download onto your mobile phone
* On: *www.gr223.info*, download the GPS tracks of Camí de Cavalls, view more pictures and update this guidebook and the map.
* On: *http://cartografia.cime.es*, enjoy a virtual flight over the island
* Tourist information: *www.menorca.es*, *www.menorca.net* and *www.menorcaexplorer.com*
* Archaeological sites: *www.menorcaweb.net/arqueologia* and *www.menorcamonumental.org*

### Guidebooks
* *'Menorca on foot'.* Miquel Camps, Francesc Carreras i Manuel Lora. GOB Menorca, 2008.
* *'Guidebook of Camí de Cavalls'.* Fundació Destí Menorca, 2010
* *'Walking in Menorca'.* Paddy Dillon. Cicerone Press, 2012
* Guided hikes: *www.rutasmenorca.com* - Tel. 685 747 308 - rutasmenorca@gmail.com
* Organised mountain bike routes - *www.menorcasport.es* and *www.cavallsdeferro.com* - Tel. 971 381 056 and 606 415 802 - ruth@menorcasport.com

# Menorca
## Camí de Cavalls (GR 223)
### Balearische Inseln

**Landkarte, Wander- und Reiseführer**
Editorial Alpina, SL

**Revision der Karte**
**Koordinator:** Jaume Tort
**Mitarbeiter:** Miquel Camps, Francesc Carreras, Aina Escrivà, Ralf Freiheit, Pep V. Homar, Manuel Lora, Miquel Taltavull, Jutta Vaupel, Paddy Dillon

**Texte**
Bernd Rost und Jaume Tort

**Geländearbeiten und Fotos:** Jaume Tort

**Umschlagbild:** Camí de Trepucó to Trebalúger, in der Umgebung von Maó

Auflage März 2011
Vollständig bearbeitete Januar 2012

© Editorial Alpina, SL
ISBN: 978-84-8090-422-3

Dipòsit legal: B-10762-2011

EDITORIAL
ALPINA

### PRAKTISCHE HINWEISE

- Für die erste Auflage der Wanderkarte haben wir nur die wichtigsten Touren der englischen Ausgabe ins Deutsche übersetzt und in diesem Führer veröffentlicht.

- Unter: *www.gr223.info* kann man mehr Informationen über Menorca lesen, Bilder anschauen und den GPS-Track des Camí de Cavalls herunterladen.

- **Falls Ihr ein GPS- Gerät benutzt, achtet auf das Datum der Karte: ED 1950**

# GEOGRAPHISCHE BESCHREIBUNG

Menorca misst nur 50 km von Ciutadella bis Maó und maximal 20 km zwischen der Nord - und Südküste. In den rund 700 Km² wohnen 100.000 Menschen, die eine Million Touristen im Jahr begrüßen. Geologisch kann man die Insel in zwei Hälften einteilen: Das älteste bunte Gestein befindet sich im Norden und bildet kleine Hügel und eine zerklüftete Steilküste. Die südliche Hälfte besteht aus hellem Kalkstein mit seinen typischen Schluchten und Buchten aus weissem Sand. Der höchste Berg ist El Toro mit 358 Meter.

Die Insel kennzeichnet der Nordwind (Tramuntana), der 185 Tage im Jahr weht. Wegen der guten Pflege des traditionellen Landwirtschaftsbrauchtums sowie eines umweltschonenden Verhaltens, wurde Menorca von der UNESCO zum Biosphärenreservat erklärt.

Auf der Insel befinden sich viele Zeugnisse der talaiotischen Kultur, die ihre Hochzeit vor 3500 Jahre erlebte. Im Mittelalter wurde Menorca häufig von türkischen Piraten überfallen, welche die Städte zerstört und die Einwohner entweder getötet oder als Sklaven mitgenommen haben. Zwischen 1708 und 1802 herrschten die Briten, die tiefe Spuren hinterlassen haben.

# WANDERN AUF MENORCA

*In diesem Abschnitt werden auch, neben den klassischen Wanderungen, die schönste Etappen des Camí de Cavalls (2, 5, 6, 7, 8, 12, 13, 14, 15, 16 und 19) als Tagestouren beschrieben. Mehr Information und Bilder unter: www.gr223.info*

## A.- In der Umgebung von Maó (Rundwanderung)

**Gehzeit:** 3:30 h • **Höhenunterschied:** 100 m • **Schwierigkeitsgrad:** mittel-leicht

*Auf schmale Wanderwegen und geteerten Fahrwegen lassen sich die Geheimnisse der Inselhaupstadt kennenlernen: Kapellen, archäologische Siedlungen und das Dörfchen Llucmaçanes.*

*Ausgangspunkt: An der Einfahrt der Me-1 in Maó, biegen wir nach links in den Carrer Fornells ein (an der ersten Ampel - Richtung 'Centre de Salut') und parken an der Ecke zur zweiten Strasse (Camí de Dalt de Sant Joan).*

Linker Hand sehen wir einen Fahrweg, markiert als PR- IB- Me 1, auf den wir einbiegen. In 10 minuten erreichen wir das erste Ziel: Die Kapelle Sant Joan des Vergers, wo wir nach rechts abbiegen. Die Fahrwege führen uns zum wunderschönen gepflasterten Pfad Camí de sa Font d'en Simó und zur Strasse Me-1, die wir geradeaus überqueren. An der nächsten Abzweigung lassen wir rechts den PR Me-1 liegen und gehen nach links auf den PR-IB- Me 2 (Camí de Torelló). In der Nähe des Fahrweges befinden sich die Reste der Basilika des Fornàs de Torelló und ein wichtiger Talaiot. Der Weg mündet in einen breiten Fahrweg, wo wir dem PR Me-2 nach links folgen (Richtung Trepucó). Wir überqueren die Strassen Me-14 und Me-12 und nehmen den Camí des Corbs. Am Ende dieses Weges lohnt sich ein Abstecher nach Llucmaçanes, einem schönen Dörfchen (1 Km nach rechts).

Wir wandern auf schönen, schmalen Pfaden und überqueren geradeaus die Strasse nach Llucmaçanes und den Camí de Baix bis zur Strasse Me-8. Wir nehmen diese nach rechts (Richtung Sant Lluís) für einige Meter und biegen nach links ab. An der nächsten Gabelung folgen wir dem geteerten Fahrweg nach links, der uns zu den interessanten Ruinen von Trepucó und zu einer Strassenkreuzung führt. Dort gehen wir zuerst auf der linken Strasse und, kurz danach, nach rechts in Richtung Friedhof, wo wir die Kapelle von Gràcia besichtigen können. Wir überqueren die Ringstrasse von Maó und folgen den Strassen des Cos de Gràcia, ses Moreres, sa Rovellada de Dalt und Santa Victòria zurück zum Camí de Sant Joan.

**B.- Die Mountainbike Touren B1 bis B9 werden im englischen Abschnitt beschrieben.**

## C.- Der Naturpark S'Albufera des Grau – Cap de Favàritx

*Der Naturpark umfasst, seit 1995, 5.000 Ha. an Sumpfgebieten, Wäldern und unberührten Küstenlandschaften. Das Informationszentrum wird vom km-Stein 3.5 der Strasse Me-5 (Maó – Es Grau) aus erreicht.*

### C1.- Llimpa Route (Rundwanderung)

**Gehzeit:** 40 min

Wir fahren am Informationszentrum vorbei bis zum Ende der geteerten Strasse (Parkplatz) und nehmen den rechten Fahrweg, der uns zu einem Aussichtspunkt führt.

### C2.- Santa Madrona Route (Rundwanderung)

**Gehzeit:** 1 h

Wir fahren am Informationszentrum vorbei bis zum Ende der geteerten Strasse (Parkplatz). Dort folgen wir dem linken Fahrweg.

### C3.- Sa Gola Route (Rundwanderung)

**Gehzeit:** 45 min

Der Ausgangspunkt befindet sich am km-Stein 6 der Strasse Me-5 und verläuft am Sumpfgebiet vorbei, durch den Wald und am Meer entlang.

### C4.- Von Es Grau zum Cap de Favàritx (Rundwanderung)

**Gehzeit:** 2: 45 h, nus Hinweg

Wir folgen der Etappe 2 des Camí de Cavalls.

## D.- Von Cala Tirant nach Sanitja

**Gehzeit:** 1:30 h (nur Hinweg) • **Höhenunterschied:** 100 m • **Schwierigkeitsgrad:** mittel

Wir folgen dem ersten Abschnitt der Etappe 5 des Camí de Cavalls. Von Sanitja aus, können wir der Strasse nach rechts Richtung Leuchtturm von Cavalleria nehmen (2 km).

## E.- Von Platja de Binimel·là zum Parkplatz Cala del Pilar

**Gehzeit:** 4:45 h (nur Hinweg) • **Höhenunterschied:** 650 m • **Schwierigkeitsgrad:** mittel-hoch

*Es handelt sich um den wildesten und anstrengendsten Teil des Camí de Cavalls. Am Ende der langen Wanderung sollte man über ein Auto verfügen oder ein Taxi anrufen.*

Wir folgen der Etappe 6 von Platja de Binimel·là bis Els Alocs und von dort, der Etappe 7 bis zur Abzweigung von Cala del Pilar. Hier nehmen wir den sandigen Pfad bergauf bis zur nächsten Gabelung (15 min), wo wir den Camí de Cavalls verlassen. Der linke Waldweg führt uns bis zum Parkplatz bei Sant Felip (20 min).

## F.- Vom Parkplatz Cala del Pilar nach Algaiarens

**Gehzeit:** 2:20 h (nur Hinweg) • **Höhenunterschied:** 120 m aufwärts und 200 m abwärts • **Schwierigkeitsgrad:** mittel-leicht

*Ausgangspunkt: Der geteerte Fahrweg 'Camí del Pilar' beginnt am km-Stein 34.2 der Me-1, wenn wir von Maó nach Ciutadella fahren oder am 34.8, wenn man von Ciutadella kommt.*

Vom Parkplatz aus gehen wir auf dem Fahrweg einige Meter Richtung Gehöft Sant Felip und biegen nach rechts in einen Waldweg ab. Nach 20 minuten treffen wir auf den Camí de Cavalls, dem wir nach links folgen (Etappe 7).

## G.- Von Algaiarens nach Cala Morell

**Gehzeit:** 1:50 h (nur Hinweg) • **Höhenunterschied:** 150 m • **Schwierigkeitsgrad:** mittel-leicht

Wir folgen der Etappe 8 des Camí de Cavalls.

## H.- Die Festung von Castell de Santa Àgueda (259 m)

**Gehzeit:** 30 min (nur Hinweg) • **Höhenunterschied:** 170 m • **Schwierigkeitsgrad:** mittel

*Die Araber haben die Insel 300 jahrelang beherrscht und diese Festung auf einem Hügel gebaut.*

*Ausgangspunkt: Am km-Stein 31.5 der Me-1, nehmen wir den Camí dels Alocs. Nach etwa 3 Kilometern finden wir an der rechten Seite ein verlassenes Gebäude (Schule) neben dem Eingang zum Gehöft Santa Cecília.*

Zwischen der Schule und dem Eingang gehen wir aufwärts und durchqueren ein Gatter. Der Fahrweg mündet in einen steingepflasterten Pfad (15 min), der uns zum Gipfel führt. Der Rückweg erfolgt auf derselben Route.

## J.- Die Buchten südlich von Ciutadella

*Die Küste zwischen Cala en Bosc und Cala Galdana ist eines der schönsten Wandergebiete der Insel. Die Touren J2, J3, J4 sind kurze Alternativen für die prächtigsten Abschnitte der langen Wanderung J1.*

### J1.- Platja de Cala en Bosc – Cala Galdana

**Gehzeit:** 4:15 h • **Höhenunterschied:** 320 m • **Schwierigkeitsgrad:** mittel

*Am Ende der langen Wanderung, sollte man über ein Auto verfügen oder ein Taxi anrufen. In der Hochsaison kann man mit öffentlichen Verkehrsmitteln den Ausgangspunkt erreichen.*

*Ausgangspunkt: Von der Ciutadella Ringstrasse (RC-2) nehmen wir die Strasse zum Cap d'Artrutx. Am Kreisverkehr dieses Ortes biegen wir nach links ab (Schild 'Platja de Cala en Bosc') und parken in der Nähe vom Hotel Cala en Bosc.*

Von dort folgen wir der Etappe 12 von Camí de Cavalls nach Cala en Turqueta und dann der Etappe 13 nach Cala Galdana.

### J2.- Wanderungen von Platges de Son Saura aus

*Ausgangspunkt: Von der Ciutadella Ringstrasse (RC-2) nehmen wir die Strasse zu den südlichen Buchten und fahren nach 3.5 Km geradeaus weiter. Auf dem Weg zum Parkplatz (6,5 Km) lohnt sich die Besichtigung der Ruinen von Son Catlar.*

### J2.1.-Platges de Son Saura – Platja de Son Xoriguer – Cala en Bosc

**Gehzeit:** 1:30 h • **Höhenunterschied:** 20 m • **Schwierigkeitsgrad:** mittel

Vom Parkplatz aus, durchqueren wir das Gatter und gehen nach rechts. Nach einer minute treffen wir auf die Etappe 12 des Camí de Cavalls, durchqueren noch ein Gatter nach rechts und folgen dem Küstenpfad bis Son Xoriguer (1h 15min) und Cala en Bosc (15 min). Der Rückweg erfolgt auf derselben Route.

### J2.2-Platges de Son Saura – Cala des Talaier – Cala en Turqueta

**Gehzeit:** 1:15 h • **Höhenunterschied:** 40 m • **Schwierigkeitsgrad:** mittel

Vom Parkplatz aus durchqueren wir das Gatter und gehen nach links. Nach zwei minuten verlassen wir den Fahrweg, folgen der Etappe 12 des Camí de Cavalls und gehen nach links am Strand entlang. Für den Rückweg nehmen wir die Route J3.1.

### J3.- Wanderungen von Cala en Turqueta aus

*Ausgangspunkt: Von der Ciutadella Ringstrasse (RC-2) nehmen wir die Strasse zu den südlichen Buchten und fahren an der Kapelle von Sant Joan de Missa (4.5 km) geradeaus weiter bis zum Parkplatz (6 km). Wir gehen bergab bis zur Bucht, wo wir die Informationstafel der Etappe 13 des Camí de Cavalls finden.*

### J3.1.-Cala en Turqueta – Cala des Talaier – Platges de Son Saura

**Gehzeit:** 1 h • **Höhenunterschied:** 40 m • **Schwierigkeitsgrad:** mittel

An der rechten Seite des Strandes gehen wir die Steinstufen hinauf, durchqueren eine Mauer und biegen an der nächsten Abzweigung (3 min) rechts ab. Wir lassen links den Camí de Cavalls liegen (Richtung Platges de Son Saura) und gehen vor einer Mauer nach links aufwärts. Nach 5 minuten wandern wir an einer Mauer entlang bis zur Cala des Talaier (20 min) und nehmen von dort den Camí de Cavalls zu den Stränden von Son Saura (20 min).

Zurück gehen wir auf demselben Weg bis Cala des Talaier, wo wir dem Camí de Cavalls an der Küste entlang bis Cala en Turqueta folgen.

### J3.2.-Cala en Turqueta – Cala Macarella

**Gehzeit:** 45 min • **Höhenunterschied:** 80 m • **Schwierigkeitsgrad:** mittel

Wir folgen der Etappe 13 des Camí de Cavalls nach Cala Macarella. Zurück nehmen wir den Küstenpfad J4 nach Cala en Turqueta.

## J4.- Wanderungen von Cala Macarella aus

*Ausgangspunkt: Von der Ciutadella Ringstrasse (RC-2) nehmen wir die Strasse zu den südlichen Buchten und biegen an der Kapelle von Sant Joan de Missa (4.5 km) nach links ab bis zum Parkplatz (8 km). Wir folgen dem breiten Weg hinter dem Gatter und gehen an seinem Ende (5 min) nach rechts. An der nächsten Gabelung nehmen wir den linken Weg abwärts bis zur linken Seite des Strandes (7 min).*

### J4.1.-Von Cala Macarella nach Cala en Turqueta am Meer entlang

**Gehzeit:** 45 min • **Höhenunterschied:** 80 m • **Schwierigkeitsgrad:** mittel

Von der rechten Seite des Strandes (W), lassen wir rechts den Camí de Cavalls liegen und steigen die Steinstufen hinauf. Oberhalb der Klippen (3 min) geniessen wir den Rundblick, bevor der Weg sich nach rechts wendet und bis Cala Macarelleta abfällt (7 min). Wir nehmen den Fahrweg und treffen nach zwei minuten auf den Camí de Cavalls. Hier gehen wir nach links auf einem zugewachsenen Pfad und biegen an der Abzweigung (3 minuten) nach rechts ab. Der Weg, auf den Klippen entlang gehend, mündet in den Camí de Cavalls (20 min), dem wir geradeaus bis zur Cala en Turqueta folgen (5 min). Für den Rückweg folgen wir der Etappe 13 des Camí de Cavalls.

### J4.2.-Cala Macarella – Cala Galdana

**Gehzeit:** 1:15 h • **Höhenunterschied:** 50 m • **Schwierigkeitsgrad:** leicht

*Von der linken Seite des Strandes (O) folgen wir der Etappe 13 nach Cala Galdana.*

Rückweg nach Cala Macarella: In Cala Galdana angekommen, biegen nach links, umrunden das Hotel Audax und gehen in der ersten Strasse nach links. Am Ende der Sackgasse sind auf der linken Seite Holztreppen und geradeaus ein schmaler Pfad, den wir nehmen. An der Gabelung (10 min) wandern wir geradeaus für einige Meter bis zur nächsten Abzweigung, wo wir nach links gehen und eine Mauer überqueren. Dann nehmen wir den linken Fahrweg, der uns zu einer wichtigen Wegkreuzung führt: Rechts geht es zum Parkplatz (5 min) und links nach Cala Macarella (7 min).

## K.- Von Cala Galdana nach Platges de Binigaus am Camí de Cavalls entlang. *Rückweg am Meer entlang* (Rundwanderung)

**Gehzeit:** 5 h • **Höhenunterschied:** 600 m • **Schwierigkeitsgrad:** mittel-hoch

*Ausgangspunkt: Am Kreisverkehr von Cala Galdana nehmen wir die linke Strasse (Av. de sa Punta) und biegen in die dritte Strasse nach links ein (Carrer del Camí de Cavalls). An seinem Ende finden wir den Ausganspunkt.*

### K1.-Cala Galdana – Platges de Binigaus

**Gehzeit:** 2:30 h

Wir folgen der Etappe 14 des Camí de Cavalls.

## K2.-Platges de Binigaus – Cala Galdana am Meer entlang

**Gehzeit:** 2:30 h

Hinter dem Strand von Binigaus verlassen wir den Camí de Cavalls und gehen geradeaus Richtung Küste. Der Weg wendet sich nach rechts und verläuft auf den Klippen bis Cala Escorxada (45 min). Dort nehmen wir den Fahrweg bis Cala Fustam (10 min), wo wir Richtung Strand gehen und die Steinstufen nach rechts hinaufsteigen. Nach 30 minuten überqueren wir die idyllische Cala Trebalúger, gehen aufwärts zum bewaldeten Plateau und steigen bergab bis Cala Mitjana (30 min). Der Camí de Cavalls führt uns zurück nach Cala Galdana (15 min).

### L.- Die Schlucht Barranc d'Algendar

**Gehzeit:** 3 h • **Höhenunterschied:** 150 m • **Schwierigkeitsgrad:** mittel

*Der alte Weg von Ferreries nach Ciutadella 'Camí Reial' quert die wunderschöne und unberührte Landschaft der Schlucht Barranc d'Algendar. Hier findet man Obstgärten, subtropische Wälder und einen Bach, der das ganze Jahr Wasser führt.*

*Ausgangspunkt: Am Kreisverkehr der Me-1, zwischen Ciutadella und Ferreries, nehmen wir die Me-22 nach Cala Galdana. Nach 100 Metern finden wir einen Fahrweg nach rechts, der als 'Camí Reial' gekennzeichnet ist.*

Wir folgen ihm und biegen nach 10 minuten nach rechts auf einen schattigen Pfad, der in einen Fahrweg mündet (30 min). Wir gehen geradeaus weiter (Richtung Ciutadella) und biegen 50 meter nach dem km-Stein 13 der MTB Route nach links ab. Der schmale Pfad (Pas d'en Revull) ist einer der schönsten auf der Insel, zwischen Felsen und durch dichten Wald gelegt. Zehn minuten später passieren wir ein Gatter und gehen nach links am Bach entlang. Nach der Brücke steigt der Weg aufwärts bis zu einer Terrasse (links), die uns zu einer Rast unterhalb einer riesigen Steineiche einlädt. Wir können dem Weg einige Meter bergauf folgen und einen Pfad nach rechts zu einem Aussichtspunkt nehmen. Der Rückweg erfolgt auf den Hinweg bis zum Gatter des Pas d'en Revull, wo wir geradeaus auf dem Fahrweg bleiben. Wir können ihn bis zum Kreisverkehr der Me-1 folgen oder nach 15 minuten den schattigen Hinweg nehmen.

### M.- Die Coloms Höhle und der Binigaus Schlucht (Rundwanderung)

**Gehzeit:** 2 h • **Höhenunterschied:** 120 m • **Schwierigkeitsgrad:** mittel

*Ausgangspunkt: An der Ausfahrt von Es Migjorn Gran (Richtung Sant Tomàs) biegen wir nach rechts (Wegweiser 'Hotel Rural, Cova des Coloms') in die Av. David Russell ein und parken an ihrem Ende.*

Wir nehmen die Strasse Richtung Friedhof und biegen vor dem Hotel Binigaus Vell (10 min) links ab. Nach 5 minuten lassen wir links unseren Rückweg liegen und wandern geradeaus weiter. Kurz vor einem verschlossenen Gatter (7 minuten) gehen wir nach links und steigen bergab bis zu einer wichtigen Gabelung (15 minuten): Rechts geht es in 15 minuten zum Binigaus Strand. Links befindet sich der Rückweg, bei dem wir eine Abzweigung nach rechts ignorieren (10 min) und kommen, nach einem schattigen Abschnitt entlang des Bachbetts, zu einer T-Wegkreuzung. Der rechte Pfad führt uns in 2 minuten zur Coloms Höhle und der linke Weg in 7 minuten zu einem Fahrweg, dem wir nach rechts zum Ausgangspunkt folgen (15 min).

### N.- Sant Tomàs – Son Bou – Sant Tomàs (Rundwanderung)

**Gehzeit:** 3 h • **Höhenunterschied:** 60 m • **Schwierigkeitsgrad:** mittel-leicht

*Ausgangspunkt: Am Kreisverkehr von Sant Tomàs biegen wir nach links ab und parken am Ende der Strasse in der Nähe des Hotels Victoria Playa.*

### N1.- Sant Tomàs – Son Bou

Wir gehen Richtung Meer und dann nach links am Camí de Cavalls entlang (Etappe 15).

### N2.- Son Bou – Sant Tomàs

Am Ende der Etappe (Parkplatz an der Einfahrt von Son Bou), gehen wir 50 Meter auf der Strasse (Richtung Alaior) und nehmen die erste Strasse nach rechts. An der nächsten Abzweigung biegen wir nach links ab, gehend an den Ruinen der Basilika vorbei und wandern am Meer entlang nach rechts. Am Ende des Strandes gehen wir geradeaus weiter und folgen dem Camí de Cavalls nach Sant Tomàs.

### Q.- Barranc de Cala en Porter – Torre d'en Galmés

**Gehzeit:** 3 h • **Höhenunterschied:** 120 m • **Schwierigkeitsgrad:** mittel-leicht

*Diese Wanderung verbindet durch eine prächtige Schlucht den Badeort Cala en Porter mit der grössten megalithischen Siedlung der Insel.*

*Ausgangspunkt: Von der Hauptstrasse in Cala en Porter biegen wir nach rechts Richtung Strand ab. Gegenüber des Hotels Aquarium finden wir einen Parkplatz mit der Informationstafel des Camí de Cavalls.*

Wir nehmen den Weg Richtung Schlucht der nach wenigen minuten bergauf in Kehren verläuft und, nach einem prächtigen Stück an den Felswänden entlang, in einen Fahrweg mündet. Dort wandern wir geradeaus aufwärts zum Plateau und ignorieren alle Abzweigungen bis zu einem Fahrweg, an dem wir rechts abbiegen. Nach 300 Metern lassen wir den Camí de Cavalls links liegen und gehen geradeaus weiter bis zu den archäologischen Ruinen Torre d'en Galmés (1 km). Der Rückweg erfolgt auf derselben Route.

### S.- Punta Prima – Cala de Rafalet – Cala de Sant Esteve (Rundwanderung)

**Gehzeit:** 5:30 h • **Höhenunterschied:** 200 m • **Schwierigkeitsgrad:** mittel

Wir folgen der Etappe 19 des Camí de Cavalls. Von Cala de Sant Esteve gehen wir zurück bis zur letzten Abzweigung (Finca "Villa Eugenia"), wo wir nach rechts abbiegen. An der Gabelung mit dem Camí de Binissaida gehen wir nach rechts und nach 400 Metern (wo die Strasse sich nach rechts wendet) nach links. Wir folgen dem Camí Fosc und der Radroute nach Sant Lluís und Punta Prima.

# DER WEITWANDERWEG GR 223: DER CAMÍ DE CAVALLS (PFERDEWEG)

*Die Menorquiner halten den Camí de Cavalls nicht nur für einen Wanderweg, sondern auch für ein eigenes Kulturerbe. Obwohl die Ursprünge des alten Küstenpfades unbekannt sind, glaubt man, dass der Weg wegen der Piratenüberfälle im 16. Jahrhundert gebaut wurde. Nach einigen Demonstrationen verabschiedete der Inselrat ein Gesetz, welches die Eröffnung des Weges ermöglichte. Seit 2010 ist der 185 Kilometer lange Weg für Wanderer, Radfahrer und Reiter markiert und gesäubert.*

**Zu Fuss:** Der Unterkunft- und Trinkwassermangel bereitet einige Unannehmlichkeiten für die Wanderer, die den Camí de Cavalls als Weitwanderweg gehen möchten. In einigen Abschnitten ist es nicht möglich, die Orte mit Unterkunft in einem Wandertag zu erreichen und Zelten ist überall verboten.

Die 20 Etappen könnten als 10 Tageswanderungen unternommen werden, wenn man über ein zweites Auto oder ein Taxi am Tagesziel verfügt.

Im Abschnitt "Wandern auf Menorca" dieses Führers werden die schönste Etappen des Camí de Cavalls als Tageswanderungen beschrieben (2, 5, 6, 7, 8, 12, 13, 14, 15, 19).

**Mit dem Fahrrad:** Die Logistik ist viel einfacher für MTB- Fahrer, da sie in 4 bis 6 Tagen die Umrundung der Insel abschliessen können. In diesem Fall wäre es möglich, jeden Abend an einem anderen Ort übernachten zu können: Fornells,

Ciutadella, Maó oder in der Umgebung des Weges: Ferreries und Es Mercadal. Von Mai bis Oktober gibt es auch Unterkunftsmöglichkeiten in Arenal d'en Castell, Cala Morell und in mehreren Badeorten der Südküste. Günstig wäre auch die Auswahl von zwei Quartieren: eines im Westen und ein anderes im Osten.

**Webseite:** Unter: *www.gr223.info* kann man mehr Informationen bekommen, Bilder anschauen und den GPS-Track herunterladen.

Offizielle Webseite: *www.elcamidecavalls.cat*

**Geführte Wanderungen:** *www.rutasmenorca.com*/ Tel. 685 747 308/ rutasmenorca@gmail.com

**Mountain Bike Routen:** *www.menorcasport.es* und *www.cavallsdeferro.com*/ Tel. 971 381 056 und 606 415 802/ ruth@menorcasport.com

## Etappe 1: Maó - Es Grau

**Gehzeit:** 2:45 h • **Länge:** 10 km • **Höhenunterschied:** 250 m • **Schwierigkeitsgrad (zu Fuss):** mittel-leicht / (mit dem MTB): leicht (hoch in zwei kurzen Abschnitte)

*Ausgangspunkt: Am westliche Ende des Hafens von Maó lassen wir die Me-7 links liegen und gehen 300 Meter am Hafen entlang (Schild: 'Sackgasse'). 'Sa Culàrsega' ist der Ausgangspunkt und befindet sich an einer Brücke über einen Wasserkanal in der Umgebung des Kraftwerkes.*

### 1.1.-Maó - Platja de Sa Mesquida
**Gehzeit:** 1:15 h • **Länge:** 5 km

Wir wandern in der gleichen Richtung, überqueren eine Strasse und nehmen die Me-3 Richtung Sa Mesquida. In diesem Badeort gehen wir nach links zum Parkplatz des Strandes.

### 1.2.-Platja de Sa Mesquida - Es Grau
**Gehzeit:** 1:30 h • **Länge:** 5 km

Hinter dem Strand nehmen wir einen Weg der in einen Fahrweg mündet. An der zweiten Bucht (45 min) wendet sich der Weg nach links Richtung Landesinnere, passiert ein Bauernhof und gelangt zur Me-5. Wir folgen ihm nach rechts bis zum km-Stein 6, kurz vor dem netten Ort Es Grau.

## Etappe 2: Es Grau - Favàritx

**Gehzeit:** 2:45 h • **Länge:** 8,6 km • **Höhenunterschied:** 250 m • **Schwierigkeitsgrad (zu Fuss):** mittel-leicht / (mit dem MTB): mittel

*Es handelt sich um eine der schönsten und vielfältigsten Etappen des Camí de Cavalls mit Sumpfgebieten, unberührten Buchten und der Mondlanschaft vom Cap de Favàritx.*

Der **Ausgangspunkt** befindet sich am km-Stein 6 der Me-5 in der Nähe von Es Grau.

### 2.1.-Es Grau - Cala de sa Torreta
**Gehzeit:** 1 h • **Länge:** 3,6 km

Wir folgen dem breiten Weg bis zum Ende des Strandes (15 min) und steigen zuerst bergauf und dann bergab zu den Buchten Cala des Tamarells und Cala de sa Torreta (45 min).

### 2.2.-Cala de sa Torreta - Favàritx
**Gehzeit:** 1:45 h • **Länge:** 5 km

Wir gehen bis zum nördlichen Ende der Bucht und nehmen einen Fahrweg, der sich von der Küste entfernt. Von Cala en Cavaller aus (45 min) verläuft der Weg am Meer entlang zur Platja d'en Tortuga (30 min) und zur Strasse des Cap de Favàritx (30 min).

## Etappe 3: Favàritx - Arenal d'en Castell

**Gehzeit:** 4:15 h • **Länge:** 13,6 km • **Höhenunterschied:** 300 m • **Schwierigkeitsgrad (zu Fuss):** mittel-leicht / (mit dem MTB): hoch in einigen Abschnitten zwischen der Favàritx Strasse und dem Camí d'Addaia

*Ausgangspunkt: Die Etappe beginnt an der Strasse Cf-1, 600 Meter vor dem Gatter des Favàritx Leuchtturmes.*

### 3.1.-Favàritx - Pou d'en Caldes

**Gehzeit:** 50 min • **Länge:** 3,1 km

Wir folgen der Strasse Richtung Maó, passieren einen Viehrost und biegen nach 500 Metern rechts ab. Der Pfad fällt zur Küste langsam ab und mündet in einen Fahrweg, wo wir nach links gehen.

### 3.2.-Pou d'en Caldes - Camí d'Addaia - Salines de Mongofra

**Gehzeit:** 1:25 h • **Länge:** 4 km

Auf Fahrwegen und Pfaden, bergauf und bergab, erreichen wir den Camí d'Addaia (45 min). Dann geht es nach rechts zum Gatter von Mongofra Nou und, von dort, nach links zu den verlassenen Salzwerken (30 min).

### 3.3.-Salines de Mongofra - Addaia - Arenal d'en Castell

**Gehzeit:** 2 h • **Länge:** 6,4 km

Der Weg verläuft am Meer entlang, geht um den Bauernhof S'Hort des Lleó und gelangt zum Ferienort Addaia. Wir nehmen die Zufahrtstrasse, überqueren die Me-9 (Richtung Coves Noves) und biegen am Ende links ab zum Arenal d'en Castell. Am westlichen Ende des Ortes beginnt die nächste Etappe.

## Etappe 4: Arenal d'en Castell - Cala Tirant

**Gehzeit:** 3 h • **Länge:** 10,8 km • **Höhenunterschied:** 140 m • **Schwierigkeitsgrad (zu Fuss):** mittel-leicht / (mit dem MTB): leicht (hoch in den ersten 15 minuten)

*Ausgangspunkt: Am westlichen Ende der Avinguda de s'Arenal, an einer Rechtskurve (Apartaments Arepar) nehmen wir einen Fahrweg nach links.*

### 4.1.-Arenal d'en Castell - Urb. Son Parc- Arenal de Son Saura

**Gehzeit:** 45 min • **Länge:** 2,5 km

Der steinige Pfad mündet auf eine Strasse in Son Parc (15 min) wo wir nach rechts abbiegen. Wir folgen den Schilden 'Totes direccions' und gehen nach dem Hotel 'Sol Parc' rechts Richtung Arenal de Son Saura. Wir nehmen einen Fahrweg nach rechts und durchqueren an der linken Seite des Parkplatzes ein Gatter.

### 4.2.-Arenal de Son Saura - Road Me-7

**Gehzeit:** 1:30 h • **Länge:** 5 km

Im Wald gibt es mehrere Abzweigungen, die falschen Richtungen werden aber mit dem Schild 'Prohibido el Paso' (Durchgang verboten) gekennzeichnet. Wir folgen dem breiten Weg und gehen an der ersten Gabelung nach links und an der zweiten nach rechts. An der nächsten Wegkreuzung lassen wir einen Fahrweg rechts liegen und nehmen nach wenigen Metern den linken Weg. Danach geht es geradeaus weiter und an den zwei nächsten Wegteilungen biegen wir nach rechts ab. Beim Haus Cap des Port gehen wir nach rechts bis zur Strasse Me-7.

### 4.3.-Road Me-7 - Cala Tirant

**Gehzeit:** 45 min • **Länge:** 3,3 km

Wir nehmen die Strasse nach rechts und folgen am Kreisverkehr der Me-15 nach rechts. An der nächsten Abzweigung biegen wir nach links Richtung 'Cala Tirant /Platges de Fornells' ab und gehen in diesem Badeort zur rechten (O) Strandseite.

## Etappe 5: Cala Tirant - Binimel·là

**Gehzeit:** 2:45 h • **Länge:** 9,6 km • **Höhenunterschied:** 30 m • **Schwierigkeitsgrad (zu Fuss):** mittel / (mit dem MTB): mittel (hoch in der Umgebung der Cavalleria und Binimel·là Strände)

Diese Etappe verbindet einige der schönsten Stränden der Nordküste: Tirant, Cavalleria und Binimel·là.

*Ausgangspunkt: An der rechten Strandseite (O).*

### 5.1.-Cala Tirant - Sanitja

**Gehzeit:** 1:30 h • **Länge:** 4,7 km

Wir überqueren die zwei Strände und steigen am Ende zu einem Fahrweg hinauf, wo wir links abbiegen. Kurz danach geht es dreimal nach rechts bis zur Küste, der wir nach links folgen. An einem Unterstand nehmen wir einige Meter den geteerten Fahrweg und biegen nach rechts in einen Pfad bis zur Strasse (Cf-3) zum Cavalleria Leuchtturm.

### 5.2.-Sanitja - Binimel·là

**Gehzeit:** 1:15 h • **Länge:** 4,9 km

Wir folgen der Strasse nach links und gehen am Parkplatz des Platja de Cavalleria nach rechts. Wir wandern am Strand entlang und nehmen den oberen Küstenweg bis Cala Mica. Der Pfad führt uns weiter zur nächsten Bucht, verläuft im steilen Aufstieg an einer Mauer entlang und fällt bis Platja de Binimel·là ab.

## Etappe 6: Binimel·là - Els Alocs

**Gehzeit:** 3:15 h • **Länge:** 8,9 km • **Höhenunterschied:** 500 m • **Schwierigkeitsgrad (zu Fuss):** mittel-hoch / (mit dem MTB): hoch zwischen Cala Barril und Els Alocs

*Es handelt sich um die längste und 'wildeste' Etappe des Camí de Cavalls, entlang der schönen Buchten Pregonda und Calderer.*

*Zum Ausgangspunkt gelangt man von Es Mercadal oder Fornells aus. Am Parkplatz nehmen wir den breiten Weg links vom Restaurant und gehen nach 5 minuten nach links zum Strand. Die Infotafel befindet sich an seiner rechten Seite (O).*

### 6.1.-Binimel·là - Cala Pregonda

**Gehzeit:** 25 min • **Länge:** 1,8 km

Wir überqueren den Strand nach links und kurz danach den Pla Vermell. Nach einer steinigen Bucht gehen wir abwärts zum ersten Strand von Cala Pregonda. Wir steigen aufwärts zu einem Fahrweg, dem wir geradeaus folgen.

### 6.2.-Cala Pregonda - Cala en Calderer

**Gehzeit:** 1:15 h • **Länge:** 3,5 km

Wir lassen den zweiten Strand rechts liegen und wandern, wenn der Fahrweg sich nach rechts wendet, geradeaus weiter durch den Wald. Wir überqueren einen Sattel und steigen Richtung Cala Barril hinab. Hinter der Bucht nehmen wir einen steilen Pfad, der uns Richtung Landesinnere führt. Nach einem Gatter verläuft der Weg durch bunte Landschaften entlang der Küste und fällt zur Cala en Calderer ab.

### 6.3.-Cala en Calderer - Els Alocs

**Gehzeit:** 1:30 h • **Länge:** 3,6 km

Wir nehmen den Pfad bergauf bis zum höchsten Punkt des Camí de Cavalls (125m). Beim Abstieg folgen wir einer Grenzmauer, steigen noch einmal zwischen zwei Mauern hinauf und erreichen die Bucht Els Alocs.

## Etappe 7: Els Alocs - Algaiarens

**Gehzeit:** 2:30 h • **Länge:** 9,7 km • **Höhenunterschied:** 200 m •
**Schwierigkeitsgrad (zu Fuss):** mittel-leicht / (mit dem MTB): mittel- leicht (hoch
zwischen Els Alocs und Macar d'Alforinet)

*Schöne vielfältige Wanderung an der schroffen Küste entlang, durch Wälder und
an Weideflächen vorbei.*

*Ausgangspunkt: Der Camí dels Alocs beginnt am km-Stein 31.5 der Me-1. Die letzten
zwei Kilometer sind für ein normales Auto ungeeignet.*

### 7.1.-Els Alocs - Cala del Pilar - Macar d'Alforinet

**Gehzeit:** 50 min • **Länge:** 2,7 km

Wir folgen der Küste bis zur Abzweigung von Cala del Pilar (20 min), wo der
sandige Weg uns bergauf Richtung Landesinnere führt. Am Querweg (15 min)
biegen wir nach rechts ab, durchqueren ein Gatter und steigen zur Bucht hinab.

### 7.2.-Macar d'Alforinet - Algaiarens

**Gehzeit:** 1:40 h • **Länge:** 7 km

Wir überqueren die  Bucht, gehen nach links und nehmen einen Waldpfad, der
langsam bis zu einem Pass ansteigt (25 min). Beim Abstieg finden wir, 30 Meter nach
einem Gatter, rechter Hand eine Quelle. An den nächsten zwei Abzweigungen halten
wir uns immer rechts. Der Weg steigt hinauf (20 min), durchquert zwei Mauern und
ein Gatter und wendet sich danach nach rechts. Nach einigen minuten nehmen wir
den rechten Waldweg und gehen nach einem Gatter nach links, an einer Wasserzisterne vorbei, bis zu einem Fahrweg (30 min). An der nächsten Gabelung (10 min) biegen
wir nach rechts ab und nach wenigen Metern wieder nach rechts. Fünf minuten
später geht es nach links bis zur Infotafel am Parkplatz von Cala d'Algaiarens (5 min).

## Etappe 8: Algaiarens - Cala Morell

**Gehzeit:** 1:50 h • **Länge:** 5,4 km • **Höhenunterschied:** 150 m •
**Schwierigkeitsgrad (zu Fuss):** mittel-leicht / (mit dem MTB): hoch zwischen Cala de
ses Fontanelles und Codolar de Biniatram

*Ausgangspunkt: Von der Ciutadella Ringstrasse (RC-1) nehmen wir zuerst die Strasse
nach Cala Morell und danach den geteerten Fahrweg Richtung Algaiarens / La Vall.*

### 8.1.-Algaiarens - Codolar de Biniatram

**Gehzeit:** 35 min • **Länge:** 1,7 km

Wir überqueren den Parkplatz nach links und nehmen einen Fahrweg bergauf.
An der Abzweigung (5 min) biegen wir nach rechts bis Cala de ses Fontanelles
ab (15 min). Wir folgen einem Küstenpfad zu einem Pass (7 min) und steigen
hinab zum Codolar de Biniatram (8 min).

### 8.2.-Codolar de Biniatram - Cala Morell

**Gehzeit:** 1 h • **Länge:** 3,7 km

Der Weg wendet sich nach rechts, durchquert ein Gatter und läuft an einer
Mauer entlang. Nach einer Wasserzisterne (20 min) erreichen wir die Siedlung
Cala Morell (15 min) und nehmen die dritte Strasse nach links (Via Lactia), die in
einen Kreisverkehr mündet. Dort gehen wir nach rechts (Carrer d'Orió), an den
Grabhöhlen vorbei und biegen nach links steil aufwärts ab (Carrer Lira). Nach
zwei minuten finden wir rechts die Infotafel der Etappe 9.

## Etappe 9: Cala Morell - Punta Nati

**Gehzeit:** 1:45 h • **Länge:** 7 km • **Höhenunterschied:** 100 m • **Schwierigkeitsgrad
(zu Fuss):** mittel/ (mit dem MTB): mittel-hoch

*Ausgangspunkt: Am Kreisverkehr von Cala Morell gehen wir nach links (Carrer
d'Orió) an den Grabhöhlen vorbei und biegen nach links aufwärts (Carrer Lira). Nach*

*zwei minuten finden wir rechts die Infotafel der Etappe 9.*

Wir durchqueren ein Gatter und biegen nach rechts Richtung Küste (5 min) ab, wo wir links an den Klippen entlanggehen. Wir folgen einer Grenzmauer nach links (10 min), wandern an einer restaurierte Viehhütte vorbei und gehen an der Gabelung 30 Meter nach links. Dort nehmen wir den Weg nach rechts, der, nach einer Wasserzisterne, ein Tälchen überquert. Danach sehen wir rechter Hand ein Denkmal für eine Schiffshavarie und erreichen die Strasse zum Leuchtturm Punta Nati.

## Etappe 10: Punta Nati - Ciutadella

**Gehzeit:** 3 h • **Länge:** 10,5 km • **Höhenunterschied:** 200 m • **Schwierigkeitsgrad (zu Fuss):** mittel / (mit dem MTB): hoch zwischen Punta Nati und Calespiques

*Der Ausgangspunkt befindet sich auf der Strasse Cf-5, 7 Kilometer nördlich von Ciutadella und 300 Meter vor dem Leuchtturm Punta Nati.*

### 10.1.-Punta Nati - Calespiques

**Gehzeit:** 1:30 h • **Länge:** 5 km

Der Weg verläuft auf einem steinigen Plateau, von dem man Mallorca am Horizont erblicken kann. Nach 45 minuten erst gehen wir bergauf und steigen zu einem Gebäude hinab, wo wir 300 Meter auf einem geteerten Fahrweg gehen. Dann biegen wir nach rechts ab, wandern an den Klippen entlang, mit Aussicht auf den durchgelöcherten Fels Pont d'en Gil, und erreichen den Badeort Calespiques.

### 10.2.-Calespiques - Ciutadella

**Gehzeit:** 1:30 h • **Länge:** 5,5 km

Wir nehmen die linke Strasse und biegen nach 700 Metern rechts ab. Am Kreisverkehr gehen wir nach links auf einer Strasse, die zum Cala en Blanes führt. Dort überqueren den Strand geradeaus, gehen nach rechts am Meer entlang, nehmen die Stufen nach links und die Küstenpromenade nach rechts. Nach zwei Kilometer, an der alten Fährenanlegestelle, finden wir an einem Parkplatz die Infotafel der nächsten Etappe.

## Etappe 11: Ciutadella - Cap d'Artrutx

**Gehzeit:** 3:30 h • **Länge:** 13,2 km • **Höhenunterschied:** 50 m • **Schwierigkeitsgrad (zu Fuss):** leicht / (mit dem MTB): mittel-hoch zwischen Cala Blanca und Cap d'Artrutx

*Ausgangspunkt: Die Etappe beginnt am einem Parkplatz, 100 Meter von der alten Fährenanlegestelle entfernt.*

### 11.1.-Ciutadella - Cala Blanca

**Gehzeit:** 2:30 h • **Länge:** 9,5 km

Der Camí de Cavalls verläuft in einem längeren Umweg, der für Fahrräder und Pferde bestimmt ist. Wenn wir zu Fuss gehen, oder 50 Meter vom Fahrrad absteigen, können wir auch einen kürzeren Weg durch Ciutadella nehmen: Wir wandern Richtung Altstadt, biegen nach rechts zum Hafen ab und überqueren die Brücke. Wir steigen die Stufen links hinauf und nehmen den Carrer de sa Muradeta nach rechts zum Plaça des Born. Wir halten uns rechts, passieren den Busbahnhof (am Plaça de s'Esplanada oder Plaça dels Pins) und folgen einem Radweg nach links (Carrer Mallorca). An den zwei nächsten Kreisverkehren gehen wir Richtung Son Oleo, zur neuen Fährenanlegestelle, Sa Caleta, Cala de Santandria und Cala Blanca. Nach diesem Strand biegen wir nach rechts in die Avda. Llevant ab und lassen an einer scharfen Linkskurve die Strasse links liegen und gehen auf einem Pfad an der Küste entlang.

### 11.2.-Cala Blanca - Cap d'Artrutx

**Gehzeit:** 1 h • **Länge:** 3,7 km

Wir durchqueren 3 Gatter, erreichen das Gebiet Marina de S'Olivaret (30 min) und finden 15  minuten später die Infotafel der Etappe 12.

## Etappe 12: Cap d'Artrutx - Cala en Turqueta

**Gehzeit:** 3:25 h • **Länge:** 13,3 km • **Höhenunterschied:** 120 m •
**Schwierigkeitsgrad (zu Fuss):** mittel-leicht/ (mit dem MTB): mittel-hoch

*Diese wunderschöne Etappe verbindet Cala en Bosc mit den idyllischen Stränden von Son Saura und Cala en Turqueta. Kurze Wanderungen auf dieser Etappe werden im Abschnitt 'Wandern auf Menorca' beschrieben (Route J).*

*Ausgangspunkt: An der Einfahrt vom Badeort Cap d'Artrutx, gehen wir nach rechts (Schild: 'Miradors, urb. Cap d'Artrutx') und parken nach 300 Metern. Die Infotafel befindet sich weiter rechts.*

### 12.1.-Cap d'Artrutx - Platja de Cala en Bosc

**Gehzeit:** 40 min • **Länge:** 3 km

Von der Infotafel gehen wir zur Strasse und biegen nach rechts ab zum Leuchtturm von Artrutx. Nach wenigen Metern nehmen wir den Paseo Maritimo und überqueren in Cala en Bosc die Brücke nach rechts. Wir wandern geradeaus bis zum Strand.

### 12.2.-Platja de Cala en Bosc - Platges de Son Saura

**Gehzeit:** 1:30 h • **Länge:** 5,3 km

Wir gehen am Strand entlang und dann nach rechts an der Küste entlang bis zum Strand Platja de Son Xoriguer (15 min). An dessen Ende nehmen wir den Küstenpfad, gehen an der Cova des Pardals vorbei (20 min: die Höhle ist ein unterirdischer Meereszugang) und folgen der Küste bis Platges de Son Saura.

### 12.3.-Platges de Son Saura - Cala en Turqueta

**Gehzeit:** 1:15 h • **Länge:** 5 km

Wir überqueren beide Strände und wandern an der Küste entlang bis zur Cala des Talaier (30 min). Hinter dem Strand folgen wir einer Mauer für einige Meter und nehmen einen steinigen Pfad nach rechts. Nach 45 minuten fällt der Weg zu einer Wegkreuzung ab, an der wir nach links abbiegen. Wir queren eine Mauer und steigen zur Bucht Cala en Turqueta hinab (5 min).

## Etappe 13: Cala en Turqueta - Cala Galdana

**Gehzeit:** 2 h • **Länge:** 6,4 km • **Höhenunterschied:** 200 m • **Schwierigkeitsgrad (zu Fuss):** mittel-leicht

*Obwohl diese Etappe die wunderschöne Bucht Cala Macarella durchquert, lohnt sich auch ein Abstecher zur kleineren Bucht Cala Macarelleta. Kurze Wanderungen auf dieser Etappe werden im Abschnitt 'Wandern auf Menorca' (Route J) beschrieben.*

*Ausgangspunkt: Von der Ciutadella Ringstrasse (RC-2) nehmen wir die Strasse zu den südlichen Buchten und fahren an der Kapelle von Sant Joan de Missa (4,5 km) vorbei geradeaus weiter bis zum Parkplatz (6 km). Von dort gehen wir abwärts zur Bucht.*

### 13.1.-Cala en Turqueta - Cala Macarella

**Gehzeit:** 45 min • **Länge:** 2,8 km

Wir nehmen den Pfad bergauf, gehen an der ersten Abzweigung (5 min) nach links und an der nächsten (10 min) nach rechts. Der Fahrweg führt uns abwärts zu einer wichtigen Gabelung (7 min): Wir wandern geradeaus weiter zur Besichtigung der prächtigen Cala Macarelleta (2 min) und nehmen von dort den Küstenpfad nach Cala Macarella (15 min). Falls wir dem Camí de Cavalls folgen wollen, biegen wir nach links ab und erreichen in zehn minuten die Cala Macarella.

### 13.2.-Cala Macarella - Cala Galdana

**Gehzeit:** 45 min • **Länge:** 2,6 km

An der anderen Seite des Strandes steigen wir in Kehren hinauf und gehen auf dem bewaldeten Plateau, wo einige lohnende Abstecher zu den Aussichtspunken markiert wurden. Wir lassen eine Mauer links liegen und wandern abwärts bis Cala Galdana.

### 13.3.-Cala Galdana – Ende der Etappe 13

**Gehzeit:** 20 min • **Länge:** 1 km

Wir gehen geradeaus weiter, überqueren die Fussgängerbrücke nach rechts und wandern am Strand entlang. An der Unfallstation biegen wir nach links ab und nach 150 Metern nach rechts. Wir folgen der Avinguda de sa Punta nach rechts und nehmen die zweite Strasse nach links (Carrer del Camí de Cavalls). An deren Ende, finden wir die Infotafel.

## Etappe 14: Cala Galdana - Sant Tomàs

**Gehzeit:** 3 h • **Länge:** 10,8 km • **Höhenunterschied:** 300 m •
**Schwierigkeitsgrad:** mittel-leicht

*Vielfältige Wanderung mit zwei unterschiedlichen Abschnitten: Zuerst gehen wir am Meer entlang und danach durch Wälder und Schluchten. Eine Rundwanderung für diese Etappe wird auf der Route L beschrieben.*

*Ausgangspunkt: Am Kreisverkehr von Cala Galdana nehmen wir die linke Strasse (Av. de sa Punta) und biegen an der dritten Strasse nach links ab (Carrer del Camí de Cavalls).*

### 14.1.-Cala Galdana - Cala Mitjana

**Gehzeit:** 20 min • **Länge:** 1,3 km

Der breite Weg läuft an einer Mauer entlang und wendet sich nach 5 minuten nach rechts. An der ersten Abzweigung (2 min) nehmen wir den linken Pfad und an der nächsten den rechten. Wir lassen die Bucht Cala Mitjana (10 min) rechts liegen, steigen hinab zum Parkplatz, gehen einige Meter nach rechts, um danach links abzubiegen.

### 14.2.-Cala Mitjana - Barranc de sa Cova

**Gehzeit:** 45 min • **Länge:** 2,7 km

Wir wandern aufwärts und gehen an einer Gabelung nach links. Nach einer Viehhütte biegen wir nach rechts, lassen einen Pfad links liegen und überqueren zwei Fahrwege. Der Pfad quert die Schluchten Barranc de Trebalúger und Barranc de sa Cova, die das ganze Jahr Wasser führen.

### 14.3.-Barranc de sa Cova - Sant Tomàs

**Gehzeit:** 1:45 h • **Länge:** 6,8 km

An der anderen Seite der Schlucht verläuft der Weg in Kehren aufwärts und mündet in einen Fahrweg, wo wir nach links abbiegen (15 min). Vor einem verschlossenen Gatter nehmen wir einen Pfad, der zum Barranc de sa Torre abfällt (30 min) und von dort allmählich bergauf steigt. Wir überqueren einen Fahrweg (15 min) und steigen durch den Steineichenwald hinab bis zum Fahrweg in Barranc de Binigaus (20 min). Wir gehen nach rechts, überqueren den Strand nach links und folgen dem Küstenpfad. Am Anfang der Fussgängerpromenade in Sant Tomàs, finden wir die Infotafel (20 min).

## Etappe 15: Sant Tomàs - Son Bou

**Gehzeit:** 2 h • **Länge:** 6,4 km • **Höhenunterschied:** 50 m •
**Schwierigkeitsgrad:** mittel-leicht

*Ausgangspunkt: Am Kreisverkehr von Sant Tomàs wandern wir Richtung Meer und finden linker Hand die Infotafel am Anfang der Fussgängerpromenade.*

Wir folgen der Meerespromenade und steigen an ihrem Ende zu den Klippen hinauf. Der Pfad mündet in einen Fahrweg (7 min), der uns zu einer Brücke führt (10 min). Wir lassen den Strand rechts liegen und gehen nach links am Rande des Sumpfgebietes. Am Haus Son Benet biegen wir nach links ab und erreichen den Parkplatz eines Hotels, wo wir der Strasse in gleicher Gehrichtung folgen. Wir nehmen die zweite Strasse nach links (Passeig Marítim) und gehen am Kreisverkehr geradeaus weiter. Am Ende des linken Parkplatzes sehen wir die Infotafel.

## Etappe 16: Son Bou - Cala en Porter

**Gehzeit:** 2:30 h • **Länge:** 8 km • **Höhenunterschied:** 190 m •
**Schwierigkeitsgrad (zu Fuss):** mittel-leicht / (mit dem MTB): leicht (hoch zwischen
Son Bou und den geteerten Fahrweg nach Llucalari)

*Die einsame Bucht Cala de Llucalari und die üppige Schlucht Barranc de Cala en
Porter sind die Höhepunkte der Etappe.*

*Ausgangspunkt: An der Einfahrt von Son Bou gibt es rechter Hand einen Parkplatz
mit der Infotafel des Camí de Cavalls.*

### 16.1.-Son Bou - Cala de Llucalari

**Gehzeit:** 20 min • **Länge:** 1,2 km

Wir gehen 50 Meter auf der Strasse entlang (Richtung Alaior) und nehmen die
erste Strasse nach rechts. Nach 20 Metern biegen wir nach links ab und steigen
zu einem Pass hinauf (10 min). Der Pfad wendet sich nach links, fällt zum Bachbett hinab und führt zur Cala de Llucalari (10 min).

### 16.2.-Cala de Llucalari - Cala en Porter

**Gehzeit:** 2:10 h • **Länge:** 6,8 km

Wir gehen 10 minuten in der Inksseitigen Schlucht und steigen nach rechts
hinauf zum Plateau, wo wir mehrere Gatter durchqueren müssen. Wir folgen
einem geteerten Fahrweg nach links und biegen nach 700 Metern rechts ab. Wir
erreichen einen weiteren Fahrweg, wo wir nach rechts gehen und nach wenigen
minuten nach links ('Torrenova- private property'). An der nächsten Gabelung
wandern wir geradeaus weiter abwärts zum Barranc de Cala en Porter, überqueren eine Brücke und gehen nach wenigen Metern nach rechts. Ein neuer Wanderweg wurde unterhalb der Felswände gebaut, der eine schöne Aussicht über
die üppige Talsohle bietet. Wir steigen in Kehren hinab, nehmen einen Fahrweg
nach rechts und gelangen zum Parkplatz des Hotel Aquarium.

## Etappe 17: Cala en Porter - Binissafúller

**Gehzeit:** 3:45 h • **Länge:** 11,8 km • **Höhenunterschied:** 200 m •
**Schwierigkeitsgrad (zu Fuss):** mittel / (mit dem MTB): mittel (hoch in der ersten
Schlucht)

*Die Etappe durchquert die Schluchten von Calascoves, ses Penyes und Biniparratx.*

*Ausgangspunkt: Von der Hauptstrasse in Cala en Porter, biegen wir nach rechts Rich-
tung Strand ab. Rechts vom Hotel Aquarium gibt es ein Parkplatz mit der Infotafel.*

### 17.1.-Cala en Porter - Es Canutells

**Gehzeit:** 1:45 h • **Länge:** 5,4 km

Wir nehmen die Strasse aufwärts und gehen an der Hauptstrasse nach rechts.
Nach den 'Apartaments Siesta Mar', biegen wir nach links ab (Richtung Zona
Esportiva) und am Ende wieder nach links. Wir passieren rechter Hand ein Gatter
und steigen zu einem Fahrweg abwärts. Wir überqueren diesen geradeaus und
folgen 100 Meter dem Bachbett. Dann geht der Pfad steil bergauf zum Plateau,
fällt langsam zu einer Schlucht ab und kommt an einem Picknickplatz an.

### 17.2.-Es Canutells - Binissafúller

**Gehzeit:** 2 h • **Länge:** 6,3 km

Wir folgen der Strasse nach rechts und biegen nach links ab in die Avda. des Canutells. Wir wandern geradeaus weiter und gehen 1800 Meter auf der Zufahrtstrasse.
An einer Linkskurve gehen wir nach rechts, durchqueren mehrere Gatter und erreichen einen Fahrweg, dem wir nach links folgen. Wir überqueren eine Strasse, biegen
an der ersten Abzweigung nach links ab und nehmen an der nächsten einen Pfad
nach rechts, der in einen Fahrweg mündet. An einem weissen Haus folgen wir 150
Meter dem Fahrweg, gehen nach links und steigen hinab zum Barranc de Biniparratx. Wir überqueren eine Strasse geradeaus und wandern abwärts zur Hauptstrasse.

## Etappe 18: Binissafúller - Punta Prima

**Gehzeit:** 2 h • **Länge:** 8,1 km • **Höhenunterschied:** 100 m •
**Schwierigkeitsgrad (zu Fuss):** leicht / (mit dem MTB): hoch in zwei kurzen Abschnitten

*Ausgangspunkt: Von Sant Climent nehmen wir die Strasse zur Küstensiedlung Cap d'en Font, wo wir nach links Richtung Sant Lluís abbiegen. Nach 400 Metern sind wir rechts am Parkplatz von Caló Blanc und sehen links (hinter einem Gatter) die Infotafel.*

### 18.1.-Binissafúller - Binibèquer Vell

**Gehzeit:** 30 min • **Länge:** 2 km

Von der Infotafel durchqueren wir das Gatter und biegen nach links ab. Am Ende von Binissafüller gehen wir hinter der Brücke nach rechts und an der nächsten Kurve nach links auf einen schmalen Küstenpfad, der in einen geteerten Fahrweg mündet. Wir wandern geradeaus weiter (Passeig de la Mar) und nehmen vor dem Hotel 'Binibeca Club Resort' nach rechts einen öffentlichen Pfad an den Terrassen der Zimmer entlang. Am Hafen steigen wir links zur Zufahrtstrasse von Binibéquer Vell hinauf, auf der wir die schöne Siedlung nach rechts durchqueren.

### 18.2.-Binibèquer Vell - Punta Prima

**Gehzeit:** 1:30 h • **Länge:** 6,1 km

An seinem Ende wandern wir geradeaus am Passeig Marítim de Binibéquer Vell entlang und gehen nach dem Kreisverkehr Richtung Binibéquer Nou und Cala Torret. Wir nehmen nach rechts die Küstenstrasse von Punta Prima und biegen vor der Linkskurve nach rechts Richtung Son Ganxo. Nach wenigen Metern gehen wir nach rechts am Passeig de sa Marina entlang und folgen vor dem Carrer de sa Torre (Schild 'Sackgasse') dem steinigen Küstenpfad bis Punta Prima (10 min). An der nächsten Gabelung biegen wir nach links ab und finden hinter einem Gatter am Ende des Strandes die Infotafel.

## Etappe 19: Punta Prima - Cala de Sant Esteve

**Gehzeit:** 2:15 h • **Länge:** 7,3 km • **Höhenunterschied:** 70 m •
**Schwierigkeitsgrad (zu Fuss):** mittel / (mit dem MTB): hoch zwischen Punta Prima und Cala Alcalfar und in der Umgebung von Cala de Sant Esteve

*Obwohl wir uns der Inselhauptstadt nähern, wird uns diese Etappe überraschen: Wir wandern auf wunderschönen schmalen Pfade, an der unberührten Küste entlang und durch gering besiedelte Gebiete. Der Abstecher zum Cala de Rafalet lohnt sich. Auf der Route S wird diese Etappe als Rundwanderung beschrieben.*

*Ausgangspunkt: Am Kreisverkehr von Punta Prima, gehen wir Richtung Strand und biegen in 'Passeig de s'Arenal' links ein. Am Ende des Strandes, sehen wir ein Gatter und die Infotafel.*

### 19.1.-Punta Prima - Cala Alcalfar

**Gehzeit:** 45 min • **Länge:** 2,7 km

Wir wandern auf einem steinigen Pfad an der Küste entlang, lassen den Wachturm Torre d'Alcalfar rechts liegen und erreichen die Bucht.

### 19.2.-Cala Alcalfar - Cala de Sant Esteve

**Gehzeit:** 1:30 h • **Länge:** 4,6 km

Wir überqueren die Bucht und nehmen nach links die Zufahrtstrasse. An der nächsten Gabelung gehen wir nach links (verboten für Fahrräder) und an der Hauptstrasse, wieder nach links. Am km-Stein 9 biegen wir nach rechts in den Camí de Rafalet ab, überqueren eine Strasse und wandern geradeaus weiter. Wir steigen abwärts und suchen kurz vor dem Talboden der Schlucht eine Maueröffnung an der rechten Seite (für den Abstecher zum Cala de Rafalet- 5 min).

Am Talboden verlassen wir den breiten Weg und nehmen den linken Pfad bergauf. Wir durchqueren zwei Fahrwege und folgen geradeaus dem schönen steingepflasterten Pfad. Wir nehmen einige Meter eine Teerstrasse nach links und gehen nach rechts auf einem schmalen Weg, der uns abwärts zum Cala de Sant Esteve führt.

## Etappe 20: Cala de Sant Esteve - Maó

**Gehzeit:** 1:30 h • **Länge:** 6 km • **Höhenunterschied:** 50 m • **Schwierigkeitsgrad:** leicht

*Ausgangspunkt: Der Parkplatz von Fort Marlsborough, der sich vor Cala de Sant Esteve befindet. Dort überqueren wir die Strasse, nehmen einen gepflasterten Weg abwärts und gehen am Meer entlang nach rechts. Nach 150 Metern sehen wir auf einem rechtseitigen Pfad die Infotafel.*

Von der Infotafel steigen wir abwärts und wandern nach links am Meer entlang. An einer Rechtsbiegung der Strasse nehmen wir einen steingepflasterten Weg und gehen an der Zufahrtstrasse nach links. An der nächsten Abzweigung biegen wir nach links ab Richtung Es Castell. Die Strasse führt uns zum Kreisverkehr an der Einfahrt von Maó, wo wir der Strasse links der Tankstelle folgen (Camí des Castell, verboten für Fahrräder), die uns zum Plaça d'Espanya bringt. Von dort gehen wir zum Plaça de la Constitució und Carrer d'Isabel II und wandern nach dem Museu de Menorca abwärts zum Hafen am Costa de ses Piques. Wir biegen nach links ab und folgen dem Hafen bis Sa Culàrsega, die sich an einer Brücke über ein Wasserkanal in der Umgebung des Kraftwerkes befindet.